봉다리 교실 한글 맞춤법

봉다리 교실 한글 맞춤법

2023년 8월 14일 1판 1쇄 인쇄 / 2023년 8월 25일 1판 1쇄 발행

지은이 수상한 선샘 / 펴낸이 임은주
펴낸곳 청개구리 | 출판등록 2003년 10월 1일 제2023-000033호
주소 (12284) 경기도 남양주시 다산지금로 202 (한강 DIMC 현대테라타워) B동 3층 17호
전화 031) 560-9810 / 팩스 031) 560-9811
전자우편 treefrog2003@hanmail.net
블로그 blog.naver.com / chgaeguri (네이버 / 청개구리출판사)
인스타그램 treefrog_books

편집디자인 서강 | 일러스트 최이레
출력 우일프린테크 | 인쇄 하정문화사 | 제책 정성문화사

책값은 뒤표지에 있습니다.
잘못 만들어진 책은 바꾸어 드립니다.
지은이와의 협의에 의해 인지를 붙이지 않습니다.
이 책의 내용을 재사용하려면 반드시 저작권자와 청개구리출판사의 허락을 받아야 합니다.
ⓒ 2023 정하연 외, 최이레

BONG-DARI Hangul Spelling Class
Written by Jeong Hayeon & others.
Illustrations by Choe Ire.
Text Copyright ⓒ 2023 Jeong Hayeon & others.
Illustrations Copyright ⓒ 2023 Choe Ire.
All rights reserved.
First published in Korea in 2023 by CHEONGGAEGURI Publishing Co.
Printed in Korea.

ISBN 979-11-6252-090-1   (73810)

●KC마크는 공통안전기준에 적합하였음을 의미합니다.

| 머리말 |

온 세상 사람들을 힘들게 했던 손님이 서서히 자취를 감추는 듯합니다. 지난 3년 동안 참 끈질기게도 우리 곁에 머물렀지요. 성질 고약한 손님 덕분에 사람들은 거리두기에 익숙해졌습니다. 몸의 거리뿐만 아니라, 마음의 거리도요.

어떤 어린이는 매일 가야 하는 학교가 낯설어졌습니다. 의자는 유독 딱딱하고, 배도 콕콕 쑤셔요. 수업 시간은 따분합니다. 40분이 2시간 같아요. 그중에서도 국어 시간이 최고예요. 일주일에 제일 많이 공부하는데, 맞춤법은 어렵고, 글쓰기는 귀찮거든요.

이 책에는 강민이, 담이, 로라, 은우, 에바나, 나경이, 이렇게 여섯 명의 어린이가 숨 쉬고 있습니다. 독자 여러분처럼 친구 때문에 고민하기도 하고, 서로 다투기도 합니다. 한글 맞춤법을 어려워해서 수업이 끝난 뒤 교실에 남아 선생님과 공부하기도 하지요. 이 공부방을 아이들은 '봉다리 한글 교실'이라고 해요.

그래도 우리는 학교에 가면 즐겁습니다. 온갖 다름으로 북적이거든요. 나와 다른 얼굴을 가진 사람들이, 서로 다른 생각을 하고, 저마다 다른 말과 행동을 해요. 너무 당연해서 뭐가 특별한지 모르겠다고요? 생각해 보세요. 모두가 똑같은 얼굴로, 똑같은 생각을 하고, 똑같은 말과 행동을 한다면 이 세상이 얼마나 따분하겠어요?

서로 다른 사람들이 '우리'가 되려면 세 가지 열쇠가 필요합니다. 바로, 나다움, 너다움, 아름다움이지요. 책을 읽다 보면 독자 여러분도 나다움을 알고, 너다움을 인정하고, 서로의 아름다움을 찾아주는 방법을 알게 될 거예요. 덤으로, 한글 맞춤법 실력도 훌쩍 자랄 거고요!

나다움을 알고 함께 성장하는 4학년 어린이들의 이야기, 무척 기대되지요? 이 책을 읽는 여러분의 마음에도 '우리'라는 낱말이 무럭무럭 자라기를 응원합니다.

2023년 여름 〈수상한 선샘〉
정하연 외 4명

| 차례 |

머리말 • 4
등장인물 소개 • 8

문어의 꿈 • 12
세상에 이런 중독 • 15
단골 손님 • 19
대충은 해로워 • 22
봉다리 한글 교실 • 25
할매덕질 • 28
말랑이 만두 • 31
이런 점수는 처음이라 • 34
숨은 실력자 • 37
롤린과 아모르파티 • 44
이거나 저거나 • 47
도시락 꿀 조합 • 50
뚝딱 로봇 • 53
머리가 띵 • 56
오늘부터 우리는 • 59
그 말이 아니야 • 62
무지개 팽이 • 65

방귀 주인 • 68
쥐구멍에 숨고 싶은 날 • 71
오늘도 만 원 • 78
같이 꾸는 꿈 • 81
주꾸미가 쏘아 올린 하트 • 84
치킨은 치킨이지 • 87
마음이 오르락내리락 • 90
사고력 학원 • 93
우리 사이 달고나 • 96
할매가 간다 • 99
세상맛 카페 • 102
로라의 재발견 • 105
황홀한 치즈스틱 • 112
494949 • 115
돼지력 봉인 해제 • 119
에바나의 선택 • 122
인생은 한 판 트로트 • 125

공포의 진료실 ▪ 128

눈치코치 탕수육 ▪ 131

팔팔 호떡 ▪ 134

왕 피구 ▪ 137

사고, 버리고, 찾고 ▪ 144

트로트도 공부가 필요해 ▪ 147

기부왕 허담 ▪ 150

기발한 처방전 ▪ 153

이 맛은 찐이야 ▪ 156

뜨끔 따끔 ▪ 159

솔직한 고백 ▪ 162

어쩌면 해피엔딩 ▪ 165

깜장 봉다리 ▪ 168

부록 _ 봉다리 교실 한글 맞춤법

문장부호, 제대로 찍자! ▪ 40

띄어쓰기, 붙여쓰기 ▪ 74

문장의 짜임 ▪ 108

문장의 호응 ▪ 140

국어사전 활용법 ▪ 172

세계 속의 한글 ▪ 174

문어의 꿈

● 글_이봉금

우당탕 쾅. 교실로 들어오던 강민이가 문턱에 걸려 넘어졌다. 만날 몸개그를 하는 강민이의 모습에 친구들은 키득거렸다.
"허담, 어제 왜 떡볶이 먹으러 안 왔냐?"
강민이가 자리에 앉으며 담이에게 물었다.
"아, 맞다. 깜박."
머쓱하게 머리를 긁적이는 담이를 보며 강민이는 씩 웃었다.
"나는 고뚱. 허담이 안 와도 **무너지지** 않는 뚱. 떡순 3인분 순삭하는 강민."
강민이가 랩을 흥얼거리며 칠판을 봤다. 아침 글쓰기 주제가 적혀 있었다. '분식'이었다.
"이건 내가 전문이지. 인정?"
강민이의 말에 담이가 키득키득 웃었다.

"조용히 하고 아침 글쓰기에 집중하세요."

봉달희 선생님이 눈에 잔뜩 힘을 줬다. 선생님의 눈빛 레이저가 교실에 쫘악 퍼졌다. 순간 아이들은 얼음이 되었다. 마침내 강민이의 앞에 레이저가 멈췄다. 강민이는 헤실거리며 자리에 앉았다.

발표 시간이 되었다.

"누가 먼저 해 볼까요? 채은우?"

안경을 추켜올리며 은우가 일어났다.

"김이 모락모락, 살짝 그을린 노오란 색 치즈가 쭈욱 늘어난다. 포크로 치즈를 돌돌 말아서 입 안으로 쏘옥. 역시 치즈 듬뿍 불고기 피자가 최고다."

"어머, 방금 나온 피자를 보는 듯하네요. 다음은 고강민."

강민이는 목소리를 가다듬으며 일어났다.

나는 강민, 꿈을 먹는 강민.
징글징글 **문어**, 코 뻥 뚫리는 홍어.
어떤 음식에도 나는 **무너지지** 않아.
나는 강민, 주문하는 강민.
콜팝, 김밥, 슬러시 쭉쭉쭉 차려지는 거야.
여기선 떡순 먹고. 저기선 와플 먹고.

움칫둠칫 비트를 타는 강민이는 마치 래퍼 같았다.

빠 빵빵 강민이 되는 거야아아아아아아아.

잔뜩 흥이 오른 강민이와 친구들은 노래를 불렀다. 장승처럼 서 있던 선생님이 살풋 웃는 것도 같았다.

연체동물 **문어**와 '무너지다'의 **무너**는 소리가 비슷해요. 그래서 **무너지다**를 쓸 때 '문어지다'로 쓰지 않게 조심해야 해요.

세상에 이런 중독

● 글_손상희

토요일 아침, 로라의 휴대폰에 경쾌한 카톡 소리가 울렸다. 로라는 콧노래를 흥얼거리며 휴대폰을 집어 들었다.

강민
비상! 나 지금 너무 배고파.
매운 떡볶이 먹으러 갈 사람?

나경
나 매운 거 못 먹는데.
않 매운 떡볶이 어때?

않 아니고 **안**

강민
않 매운 떡볶이는
떡볶이가 아님.

않 아니고 안!

은우
지금 떡볶이가 중요해?
내일 수학 시험인데. 공부나 해.

강민
공부는 평소에 하는 거임.

나경
너 평소에도 공부 않 하잖아.

않 아니고 안!!!!!!!!!!!!!!!

강민
오로라, 너 아까부터 뭐 하냐?

"으아아아악! 답답이들아! 숨 막혀! 나 좀 살려줘!"
　로라는 집이 떠나가라고 소리를 질렀다. 깜짝 놀란 엄마가 물었다.

"뭐야! 무슨 일이야?"
"심장이 막 벌렁거리고 숨이 막혀."
"뭐? 병원에 가야 하는 거 아니야?"
"친구들이 맞춤법 틀릴 때마다 이래."
"하이고, 난 또 뭐라고. 로라야, 엄마 놀랬잖아."
"엄마, 여기 만져 봐. 심장이 아직도 쿵쿵 뛴다니까?"
"너 무슨 맞춤법 중독이니?"

로라는 세상에서 가장 완벽한 글자가 있다면 그건 바로 한글일 거라고 생각했다. 글자를 몰라 불편한 백성들을 위하여 한 나라의 왕이 만들었다니! 베트남 사람인 엄마를 따라 한글 교실을 다닌지 4년째. 로라는 세종대왕님의 열렬한 팬이 되어 버렸다.

그때, 카톡 소리가 울렸다.

 나경

근데 날씨가 **않 좋아서** 못 나갈 거 같은데.

"또?"

로라는 고구마를 백만 개는 먹은 듯 답답했다.

"사이다가 필요해!"

안은 '아니'의 줄임말이고, **않**은 '아니하'의 줄임말이에요. '안'과 '않'이 헷갈리는 곳에 '아니'와 '아니하'를 넣어서 자연스러운 쪽을 사용하면 쉽게 구분할 수 있답니다.

단골 손님

● 글_이봉금

"담아, 문구점에서 실내화 꼭 사. 맨발로 다니지 말고."

담이는 엄마의 잔소리에 마지못해 고개를 끄덕였다. 주머니 속 오천 원짜리 지폐를 만지작거렸다.

'오천 원이 뭐야? 만 원은 돼야지.'

터벅터벅. 걸음이 오늘따라 무거웠다. 담이는 학교 앞 문구점으로 향했다. 문구점은 담이의 최애템으로 가득했다.

"우리 단골 왔구나."

문구점 아저씨가 담이를 반갑게 맞았다.

문구 진열대에는 반짝반짝 황홀한 물건들이 실내화보다 더 **반듯이** 놓여 있었다. 담이는 실내화 진열대 앞에 섰지만, 눈이 돌아가는 것을 막을 순 없었다.

"오늘은 꼭 실내화 사야 하는데……."

"그래? 아쉽게 됐구나. 네가 기다렸던 신상이 들어왔는데."
"네?"
아저씨 말에 담이는 고개를 휙 돌렸다. 신상 포켓몬 지우개 세트를 보자마자 담이는 가슴이 터질 것만 같았다.
"이거 얼마예요?"
"이천 원이다."

지우개 세트는 환상적이었다. 하지만 '실내화 꼭 사.'라는 엄마의 목소리가 모기 소리처럼 맴돌았다.

'이놈의 발. 그냥 아무거나 주워서 신을까? 어차피 금방 커지는데, 그때 사도 되잖아? 신상은 **반드시** 사야지!'

온갖 생각이 떠올라 머릿속이 복잡해졌다.

'미쳐 버리겠네.'

담이는 씩씩 콧바람을 뿜으며 문구점을 나왔다. 손에 들린 실내화가 세상 얄미웠다. 몇 발짝 걸었을까.

"신상, 절대 못 참아! 나 허담이야."

담이는 발길을 돌려 문구점으로 되돌아갔다.

문구점에서 나오는 담이의 손에는 실내화 대신 지우개가 들려 있었다. 포켓몬 지우개와 함께라면 꼬질꼬질한 실내화쯤은 얼마든지 참을 수 있었다.

'반드시'와 '반듯이'처럼 소리가 비슷해서 헷갈리는 낱말이 있어요. **반드시**는 '틀림없이, 꼭'이라는 의미입니다. 반면에 **반듯이**는 '비뚤어지거나 기울어지지 않고 바르게'라는 뜻이에요. 낱말을 사용할 때 의미를 알고 바르게 써요.

대충은 해로워

● 글_손상희

"귤 **껍질** 쌓인 것 좀 봐. 고강민, 네가 우리 반 귤 다 먹냐?"
"급식에 나온 거 애들이 다 줌. 개꿀."
나경이의 태클에 강민이가 받아쳤다.
"**껍데기** 버리려니까 아깝다. 킁킁, 이렇게 향기도 좋은데."
"푸하하하. 뭐래."
강아지처럼 킁킁 냄새를 맡는 강민이의 행동에 친구들이 웃음을 터뜨렸다.
"그런데 왜 **껍데기**라고 해? **껍질** 아니야?"
"그런가?"
"갑자기 헷갈리네. 채은우, 뭐가 맞아?"
아이들이 기대에 찬 눈빛으로 은우를 바라보았다. 은우는 잠시 고민했다.

'껍질? 껍데기? 그게 그거 아닌가.'
왠지 둘 다 맞는 것 같았다.
"둘 다 맞아."
"역시 우리 반 1등. 모르는 게 없어."
강민이가 박수를 치며 호들갑을 떨었다.

"귤 **껍질**이 맞아."

조용히 듣고 있던 로라가 한숨을 푹 쉬며 말했다. 은우는 로라를 쳐다보았다. 로라의 눈은 확신에 차 있었다. 은우는 살짝 움찔했다. 하지만 물러서기 싫었다.

"달걀이랑 계란이 같은 것처럼 **껍질**이랑 **껍데기**도 둘 다 맞아."

은우는 안경을 추켜올리며 의기양양하게 말했다.

'오로라, 네가 알면 얼마나 안다고.'

"말랑한 건 **껍질**이고 딱딱한 건 **껍데기**야. 딱딱한 거랑 말랑한 거랑 똑같냐? 비슷해도 다르거든."

로라가 쏘아붙였다. 그리고 뒤이어 한마디 덧붙였다.

"그렇게 대충 아니까 대충 쓰는 거야. 틀린 줄도 모르고."

은우의 얼굴이 새빨개졌다. 자존심에 찌지직 금이 가는 소리가 들리는 것 같았다.

> **껍질**은 겉면이 말랑하고 부드러울 때, **껍데기**는 겉면이 단단하고 딱딱할 때 써요. 귤은 겉면이 단단하지 않고 잘 벗겨져요. 그래서 **껍질**이라고 해요. 달걀은 겉면이 단단해서 **껍데기**라고 말해야 해요.

봉다리 한글 교실

●글_정하연

"어제는 왜 학교 안 왔니? 이번이 벌써 몇 번째야."
봉달희 선생님이 물었다.
"아기가 새벽에 **깼는데** 계속 울었어요. 엄마 못 잤어요. 엄마 아침에 잤어요. 나 아기 돌봤어요."
에바나는 손거스러미를 뜯으며 말했다. 선생님이 한숨을 휴 하고 쉬었다.
에바나는 마음이 더욱 무거워졌다. 선생님을 똑바로 쳐다볼 수조차 없었다.
선생님은 웃음도 별로 없고 항상 차가운 눈으로 교실을 지켜봤다. 그래서 별명이 얼음 봉다리였다. 에바나는 얼음처럼 시린 눈을 마주치기 두려워 더욱 고개를 숙였다.
"에바나, 한국에 언제 왔지?"

"다섯 살이요. 전쟁 때문에 **왔대요**."

"그래, 한국에 온 지 6년이 되었는데도 아직 한국말이 어렵지?"

에바나는 고개를 끄덕였다.

"글자 **읽는데** 무슨 말인지 몰라요. 친구들 **좋은데** 공부 어려워요."

"학교에 매일 와야 한국말도 늘지. 자꾸 빠지면 배운 것도 까먹어."

어쩐지 목소리가 부드럽게 들렸다. 얼음 봉다리 선생님이 아닌 것 같았다.

"학교 끝나고 선생님이랑 같이 한글 공부할까?"

"봉다리 한글 교실이요?"

에바나는 고개를 들었다. 선생님이 따스한 눈으로 바라보고 있었다. 혼날까 봐 걱정했던 마음이 사르르 녹아내렸다.

"그래, 이렇게 눈을 마주쳐야지, 왜 고개를 숙여. 네 잘못도 아닌데."

"선생님, 화 안 났어요?"

선생님은 대답 없이 에바나의 손을 잡았다.

"우리 같이 공부도 하고 재밌게 놀자. 다른 건 걱정하지 말고."

"하지만……."

에바나는 무언가 울컥 치미는 느낌에 입을 다물었다. 마주 잡은 손은 무척 따뜻했다. 그래서 머리가 더 복잡했다.

'그럼 설거지는 누가 해요? 우리 가족은 열 명이에요. 엄마가 **힘들대요**.'

에바나는 수많은 물음표를 꾹꾹 삼켰다.

알게 된 것을 말하거나 들은 말을 전할 때는 **대**를 써요. "세종대왕이 한글을 **만들었대**.", "걔가 **그랬대**."처럼요. 내가 직접 겪은 일을 말할 땐 **데**를 써요. "주말에 산에서 **캠핑했는데** 다람쥐를 봤어."처럼요.

할매덕질

●글_정하연

"오빠 얼굴 미쳤어!"

나경이는 텔레비전 가까이 얼굴을 들이댔다. 금방이라도 화면으로 들어갈 기세였다. 그때 꽃무늬 양말이 나경이의 엉덩이를 쿡 찔렀다. 할머니였다.

"비켜 봐야. 나도 좀 보게."

할머니는 고개를 쭉 빼고 텔레비전을 보며 연신 감탄을 했다.

"어쩜 저리 잘하냐. 역시 트로트의 황태자 임형우!"

임형우를 향한 둘의 사랑은 날로 커져만 갔다. 나경이와 할머니는 이런 마음을 편지로 써서 보내기로 했다.

"할머니, 내가 말하는 대로 써. 천천히 할 테니까 잘 들어."

세 번째 줄을 쓸 즈음이었다.

"할머니!"

할머니가 움찔하며 손을 멈췄다. 고개를 들어 나경이를 쳐다보았다.

"**업시**가 뭐야. 소리 나는 대로 쓰면 어떡해."

"틀릴 수도 있지, 면박 주기는."

할머니는 뾰족한 눈으로 나경이를 흘겨보았다. 나경이는 머쓱한 웃음을 지으며 할머니의 손등에 하트를 그렸다.

"미안. 나 할머니 **없으면** 못 사는 거 알지?"

"말로만. 성질부리지 말고 천천히 해야."

할머니는 새 편지지에다 더 정성스럽게 글자를 또박또박 채워

나갔다. 편지를 다 쓰고는 곰곰 생각하더니 할아버지한테도 한마디 덧붙였다.

여보 미안해.
당신 **없이**는 살아도 형우 **없이**는 못 살겠네.

분홍색 편지지처럼 볼이 빨갛게 물든 할머니는 꼭 첫사랑에 빠진 소녀 같았다. 나경이는 임형우의 소속사 주소를 찾아내 봉투에 적었다.
"누구 손주가 이렇게 똑똑하냐. 나경아, 고맙다."
"할머니도 나 **없이**는 못 살겠지?"
나경이는 책상을 정리하다가 할머니가 처음에 쓰다가 망친 편지를 다시 읽어 보았다. 오타투성이의 편지가 꽤 귀여웠다.
"이대로 버리긴 아깝지."
나경이는 편지를 휴대폰으로 찍었다. 그리고 인스타를 열어 새로운 계정을 하나 만들었다. 아이디는 Kkeutsun_love. 김끝순 여사의 덕질 계정은 그렇게 은밀하게 시작되었다.

없다는 받침이 서로 다른 두 개의 자음으로 이루어졌어요. 그런데 입으로 말해보면 **[업따]**로 소리가 나기 때문에 글씨를 쓸 때 받침이 알맞은지 헷갈리지요. **없다**, **괜찮다**와 같은 낱말을 쓸 때는 받침을 확인하기, 꼭 잊지 말아요!

말랑이 만두

● 글_윤우주

'제발 좋은 거 나와라.'

담이는 뽑기 기계에 동전을 넣고 손잡이를 돌렸다. 두 손에 굴러 들어온 동그란 캡슐의 느낌이 좋아 입가에 미소가 번졌다.

"아싸, 말랑이 만두!"

캡슐을 열어본 담이는 기뻤다. 요즘 말랑이 만두를 갖고 다니는 아이들이 많아서 담이도 꼭 갖고 싶었다. 살짝 주물러 보니 말랑말랑 쫀득쫀득해서 계속 손이 갔다.

담이는 말랑이 만두를 주머니에 쏙 넣고 교실에 들어섰다. 그리고 큰 소리로 아이들을 불러 모았다.

"나 오늘 뭐 나왔게?"

자신감 있는 목소리에 아이들이 담이의 주위로 몰려들었다. 담이는 주머니에 손을 넣었다. 뭔가 허전했다. 쫀쫀한 만두 덩어리

는 없고, 옷자락만 잡혔다.

"으아아악, 내 말랑이 만두, **잃어버렸어!**"

담이는 다급하게 외쳤다. 그런 담이를 보고 강민이가 나섰다.

"걱정 말게, 친구. 우리가 있다네."

강민이는 아이들과 교실 여기저기를 살폈다.

"지금 그럴 때야? 너희 수학 숙제는 다 했어?"

은우의 한마디에 담이는 화들짝 놀랐다.

"헐, 깜빡 **잊어버렸어!**"

"세상에! 허담, 너 얼음 봉다리의 레이저 공격을 어쩌려고?"

강민이가 농담을 던졌지만 대답할 여유조차 없었다. 담이는 서둘러 자리에 앉아 책을 폈다.

"옛다! 이거 네 거 맞지? 교실 문 앞에 있더라."

로라가 담이에게 말랑이 만두를 건넸다.

"고맙긴 한데, 그렇게까지 열심히 찾을 필요 있냐? 그냥 새로 뽑으면 되는데."

담이의 말에 로라가 한마디 쏘아붙였다.

"뽑기할 돈 있으면 실내화나 새로 사."

담이는 머쓱해 괜히 실내화 앞코를 바닥에 문댔다.

> **잃어버리다**는 지니고 있던 물건이 사라졌을 때 써요. "물건을 잃어버렸어."라고 말하는 것처럼요.
> **잊어버리다**는 어떤 내용을 기억하지 못할 때 써요. 보통 까먹었다고 하지요. 무언가 깜빡한 경우에 "잊어버렸어."라고 말해요.

이런 점수는 처음이라

● 글-윤우주

"받아쓰기 봅시다. 범위는 **가르쳐** 준 데까지."

봉달희 선생님의 한마디에 교실 분위기는 어수선해졌다.

"진짜 봐요?"

"저희 4학년이거든요!"

아이들은 제각각 한마디씩 했다. 은우도 코웃음을 쳤다. 은우는 한 번도 1등을 놓친 적이 없었다. 영어 학원에서는 중학생 형들이랑 같이 공부할 정도였다.

'당연히 받아쓰기도 100점이겠지. 벌써 시시해지는데.'

은우는 안경을 위로 밀어 올렸다.

"조용히 하고, 어서 준비하세요."

선생님이 떠들썩한 분위기를 단번에 정리했다. 봉달희 선생님이 한 문제씩 낼 때마다 "잠깐만요.", "다시 불러 주세요."라며 아아들이 다급하게 외쳤다.

　은우는 아이들의 반응이 이해되지 않았다.

　'너무 쉬운데?'

　은우는 속으로 콧노래를 불렀다. 벌써 채점이 기대됐다. 100점이 확실했다.

　수업이 끝나고, 선생님이 채점한 시험지를 나누어 줬다.

　"백 점은 한 명뿐이네요."

은우는 웃음이 배시시 새어 나왔다. 백 점의 주인공은 당연히 자기라고 생각했다. 고개를 돌려 로라의 시험지 점수를 본 은우는 눈을 의심했다. 100점이었다.

'맙소사, 오로라가? 그럼 나는?'

"오예!"

로라가 시험지를 **가리키며** 기뻐했다.

은우는 기분이 떨떠름했다. 그러다가 자기 시험지를 보고는 충격에 휩싸였다. 50점이었다.

'말도 안 돼.'

처음 받아 보는 점수였다. 믿기지 않아 틀린 문제를 재빨리 살폈다. 잘못 채점한 게 아닌가 싶었다. 기대와 달리 점수는 정확했다.

은우는 자존심이 몹시 상했다. 시험지를 움켜쥔 손에 잔뜩 힘이 들어갔다. 은우는 아무도 모르게 시험지를 가방 속에 쑤셔넣었다.

> **가르치다**는 선생님이 새로운 것을 알려 줄 때 사용하는 낱말이에요. 무엇인가를 자세히 전달하는 것이 가르치는 것이지요. 반면에 **가리키다**는 손가락으로 무언가 짚거나 지시해서 알려 주는 것을 말해요.

숨은 실력자

● 글_김빛나

오늘은 한글 공부하는 날. **웬일인지** 로라도 교실에 남아 있었다. 에바나는 오늘따라 공부가 하기 싫었다.
"선생님, 오늘 할리갈리해요."
"한글 공부는 언제 하려고?"
"저 할리갈리 이겨요? 공부 절반만 해요. 오케이?"
그때, 에바나의 말에 로라가 쓱 끼어들었다.
"그럼 내가 이기면 두 배로 공부하기!"
선생님도 흔쾌히 허락했다. 로라가 자신만만하게 말했다.
"너 잘 못 하는 거 다 알지롱. 오늘은 **왠지** 선생님이랑 같이 집에 갈 것 같은데?"
"글쎄?"
로라의 말에 에바나가 씩 웃으며 답했다.

땡, 땡, 땡. 교실 가득 종소리가 울려 퍼졌다. 로라가 카드를 가져가려는 순간, 에바나에게 손목이 잡혔다.
"로라, 숫자 틀렸어. 카드 줘."
로라가 멋쩍은 듯 머리를 긁적였다. 이것은 시작에 불과했다. 에바나는 정신없이 종을 쳤다. 무시무시한 속도로 카드를 가져가는 에바나를 보며 로라는 혀를 내둘렀다.

"와, 너 눈이 몇 개야?"

예상과 달리 승리의 주인공은 에바나였다.

"이렇게 잘하면서 저번에는 왜 못 하는 척했어?"

"그러게, **웬일이야**? 선생님도 에바나가 규칙을 잘 모르는 줄 알았는데."

선생님과 로라가 의아한 듯 물었다.

"그때 남자들 같이 했어요. 손 닿으면 안 돼. 히잡 흘러내려서 머리카락 보여요? 안 돼."

에바나는 히잡을 고쳐 쓰며 말했다.

"하, 에바나한테 완전 속았어. 이건 사기야!"

로라는 가자미 눈으로 에바나를 흘겨보았다.

'오늘따라 **왠지**/**웬지** 멋져보인다.'에서 '왠지? 웬지?' 어떤 게 맞는 표현일까요? 왠지가 맞는 표현이에요. **왠지**는 '왜인지'를 줄인 말이에요. **웬지**는 '어찌된'의 뜻을 가진 말이지요. 헷갈릴 때는 뜻을 넣어서 읽어 보세요.

봉다리 교실 한글 맞춤법 ① 문장부호, 제대로 찍자!

글_정하연

에바나 오 노! 이건 끔찍이야!
송나경 빵점? 오로라, 채점 잘못한 거 아니야? 에바나 이번에 진짜 열심히 공부했어.
오로라 내 채점은 정확해. 여길 보라고.
송나경 뭘 보라는 거야. 아무것도 없구만.
오로라 그게 문제야. 문장 끝에 마침표가 없잖아.
에바나 마침표?
오로라 그래, 마침표. 문장을 마칠 때 찍는 점이야. 온점이라고도 부르지.

> 할머니는 임형우를 좋아합니다.
> 　　　　　　　　　　　　　　　마침표(온점)

에바나 로라, 이것도 마침표야? 비슷하게 생겼어.
오로라 자세히 봐. 꼬리가 달렸잖아. 이건 쉼표야. 반점이라고도 해. 마침표는 문장 끝에 찍는다면, 쉼표는 문장 중간에 찍어. '쉼표'라는 이름처럼 쉼표 다음에는 조금 쉬어 읽어.

> 시장에 가서 감자, 고등어, 우유를 샀습니다.
> 　　　　　　　쉼표(반점)　　　마침표(온점)

송나경 물음표도 있지. 물음표는 이름처럼 무언가 물어볼 때 써.

> 선생님이 뭐라고 하셨어?
> 　　　　　　물어보는 물음표

오로라 제안할 때 사용하기도 해.

> 끝나고 나랑 같이 놀래?
> 제안하는 물음표

오로라 난 느낌표가 좋아. 느낌표를 쓰면 감정이 톡톡 터지는 느낌이 들어.

> 정말 아름다워! 아, 깜짝이야! 진짜 재밌다!
> 감탄하는 느낌표

에바나 내 느낌표는 씩씩해. 반가운 목소리로 말해.

> 네, 선생님! 안녕, 얘들아! 야, 송나경!
> 활기차게 대답하거나 다른 사람을 부르는 느낌표

송나경 강하고 무시무시한 느낌표도 있지.

> 거실에서 뛰지 말라 했냐 안 했냐! 하지마라잉!
> 말을 강하게 강조하는 느낌표

오로라 마침표, 쉼표, 물음표, 느낌표처럼 문장 중간이나 끝에 쓰는 기호 약속을 문장 부호라고 해.

송나경 그런 거 신경 안 쓰고 그냥 대충 쓰면 안 돼?

오로라 문장 부호가 있어야 문장이 완벽해져. 그래야 문장의 뜻을 제대로 전달할 수 있거든. 이 문장이 어떻게 들려?

> "좋아해."   그냥 좋아한다고 하는 말
> "좋아해?"   좋아하냐고 물어보는 말
> "좋아해!"   엄청 좋아해서 큰 소리로 하는 말

에바나 우와, 다 다르게 들리네.
오로라 다 똑같은 '좋아해'지만 어떤 문장 부호가 붙었는지에 따라서 의미가 달라져. 문장 부호를 알맞게 써야 하는 이유, 알겠지?
송나경 인정, 인정.
에바나 로라, 이것도 문장 부호야? 쉼표를 거꾸로 한 것 같아.
오로라 응, 이건 작은따옴표야. 보통 마음속으로 한 말을 적을 때 써.

> '으, 배고파. 라면 먹고 싶다.' (작은따옴표)

에바나 작은 게 있으면 큰 것도 있겠네?
오로라 맞아, 작은따옴표를 두 개씩 쓰면 큰따옴표야. 인물이 소리 내어 말한 것을 적을 때 써.

> "나경아, 우리 편의점 가서 컵라면 먹자." (큰따옴표)

오로라 따옴표는 꼭 짝을 맞춰 써야 해. 열고, 닫고.
송나경 선생님이 따로 없네. 할 말이 없다. 오로라, 넌 최고야.
오로라 할 말이 없을 때 쓰는 문장 부호도 있어. 따라 해 봐, 쩜쩜쩜쩜쩜쩜.
에바나 쩜쩜쩜쩜쩜쩜?

오로라 가운뎃점을 여섯 번 찍으면 돼. 이걸 '말줄임표'라고 해. 중요한 건, 말줄임표 다음에 마침표를 꼭 찍어 주는 거야.

> "이것도 먹고 싶고…….
> 저것도 먹고 싶고…….   (말줄임표)
> 뭘 고르지?"

송나경 …….
에바나 크흠. 로라, 나경이가 말이 없어졌어. 완전 줄임표야.
송나경 그마아아아안! 더 이상 공부는 안 돼!

롤린과 아모르파티

●글_이봉금

"집에 가기 전에 장기자랑 정해서 알려 주세요."

봉달희 선생님이 말했다. 이제 체험학습 가는 날이 얼마 안 남았다. 로라는 모둠 친구들이랑 무엇을 할지 기대되었다.

"방송댄스에서 배운 〈롤린〉 하자."

우주가 댄스곡 〈롤린〉을 하자고 했다.

나경이가 코웃음을 치며 말했다.

"〈롤린〉은 무슨, 〈아모르파티〉 하자. 오로라, 너는?"

우주와 나경이는 서로 한 발도 물러서지 않았다.

사실 로라는 둘 다 관심이 없었다. 춤은 자신이 없으니까.

"오로라, 하고 싶은 거 빨리 **좀** 말해."

나경이는 빨리 결정하라는 듯이 로라를 재촉했다.

"아무거나 해. 어차피 다 몰라."

결국, 가위바위보로 결정됐다. 승자는 우주였다.
"아싸! 이따 카톡에 영상 올려줄게. 롤린, 롤린, 롤린!"
우주는 두 팔을 벌리고 엉덩이를 실룩거렸다.
집에 돌아온 로라는 롤린 영상을 보고 화들짝 놀랐다. 아까 우주가 실룩거린 것은 약과였다. 엉덩이가 이렇게까지나 움직일 수 있다니. 로라는 말문이 탁 막혔다.
"으아악, 망했다."
머리카락을 움켜쥐고 로라는 소리쳤다. 말을 할까 말까? 똥 마려운 강아지처럼 방을 빙빙 돌아다녔다. 그러다가 주먹을 불끈 쥐고 메시지를 보냈다.

나 이거 못 하겠어.

우주
뭐야? 맘대로 하라며?

이거 좀 민망해.

우주
쫌 민망? 그게 이유야?

나경
그럼 아모르파티 쫌 봐봐.

쫌 말고 좀이야.

나경
지금 그게 중요해?

"아무거나 상관없어도 이건 절대 못 해!"

로라는 휴대폰을 침대 위로 획 던져 버렸다.

'좀', '쫌' 둘 다 자주 들어본 말이죠? '쫌'이 '좀'을 더 줄여서 강조해 말할 때 쓰는 거라고 오해하는 경우가 많은데요. 사실 '좀'은 '쫌'으로 줄일 수 없어요. 글로 쓸 때는 꼭 좀으로 쓰세요. 쫌은 틀린 말인 거지요.

이거나 저거나

●글_정하연

"미쳐 버려! 오로라는 왜 그럴까?"

"성질머리하고는, 쯧쯧."

"아니, 할머니가 개랑 친구해 봐. 얼마나 답답한지 알아?"

씩씩대는 나경이를 보며 할머니가 웃었다.

"원래 너 때는 눈곱만 한 일로도 삐치고 싸워. 내일이면 또 놀 걸 왜 그래?"

"**맨날** 나만 나쁜 애 된 것 같잖아."

"네가 그런 구석이 좀 있제."

"할머니!"

"얘가 지금 어디서?"

할머니는 "콱 그냥!" 하며, 나경이의 정수리를 쥐어박았다.

"이 떽떽이가 뭐 좋다고 **만날** 붙어 논다냐? 허튼소리 그만하고 이거나 먹어."

할머니는 갈색 어묵볶음을 젓가락으로 집어 나경이의 입에 쏙 넣어 주었다. 달짝지근한 간장 맛이 났다. 다음은 빨간 어묵볶음. 매콤짭짤했다.

"이거나 저거나, 너는 다 좋아하잖냐. 그거랑 똑같지."

"오로라가 어묵이야? 뭐가 똑같아. 할머니는 왜 내 편을 안 들어?"

"친구 사이에 니 편 내 편이 어딨대. 미워도 흥, 좋아도 흥이지."

나경이가 입술을 비죽 내밀었다. 할머니의 눈에는 그런 손녀

의 모습도 귀여웠다.

그날 밤, 김끝순 여사의 인스타에는 맛깔난 밥상 사진이 올라왔다. 사진 아래에는 이렇게 적혀 있었다.

Kkeutsun_love 오늘은 덕질 아님. **맨날 만날** 먹고 싶은 김끝순 여사 밥상. #저세상어묵볶음 #JMT

포스팅하기가 무섭게 '좋아요'가 올라가고 댓글이 달렸다. 나경이는 댓글에 일일이 하트를 누르다가 익숙한 아이디에 손가락을 멈췄다.

"Real_HY?"

Real_HY 끝순 애기표 어묵볶음, 한번 맛보고 싶네요.

"혀, 형우 오빠? 지금 형우 오빠가 댓글 단 거야?"
나경이는 손을 덜덜 떨며 할머니에게로 달려갔다.
"할머니, 이것 좀 봐!"

"나랑 **맨날** 놀자!" "나랑 **만날** 놀자!" 올바른 표현은 무엇일까요? 정답은 둘 다입니다. 예전에는 '만날'만 표준어였지만, 사람들이 '맨날'을 자주 사용하자 국립국어원에서 둘 다 사용을 인정했답니다.

도시락 꿀 조합

● 글_김빛나

"점심 맛있게 먹고, 뒷정리 깨끗하게 하세요."

봉달희 선생님 말씀에 아이들 얼굴에 환하게 꽃이 폈다. 체험 학습 버스가 출발할 때부터 도시락과 간식 이야기에 잔뜩 들떠 있었기 때문이다. 아이들은 허겁지겁 도시락을 꺼냈다.

"벌써 한 시야. 학교에서는 급식을 열두 시에 먹는데."

강민이가 꼬르륵거리는 배를 살살 문지르며 투덜거렸다. 그러자 나경이가 새침하게 말했다.

"고강민, 그만 투덜거리고 빨리 돗자리나 펴. 그리고 우리 할머니가 너 배 보면 분명 '안 먹어도 되겠다.' 했을걸?"

"뭐래. 근데 넌 뭐 가지고 옴?"

나경이가 대답을 하기도 전에 강민이의 손이 나경이 도시락으로 향했다.

"멈춰! 네 거부터 열어 봐."
"유부초밥일 걸? 아침에 아빠가 **만드시던데**."
강민이의 도시락을 본 나경이는 토끼 눈이 되었다.
"이걸 직접 만드셨다고? 너네 아빠 요리사야?"

귀여운 곰돌이 유부초밥. 그 사이사이 나무처럼 보이는 브로콜리, 메추리알은 닭으로, 비엔나소시지는 문어로 변신했다.

나경이가 넋을 잃은 사이, 강민이가 나경이 도시락 뚜껑을 열었다.

"계란 프라이에 김치볶음밥? 와, 엄청 많아. 냄새 장난 아니네."

강민이가 숟가락을 들이밀었다.

"숟가락 치워라."

"나경 님, 불쌍한 강민이에게 한 숟가락만 주시면 안 될까요?"

"그렇게 먹고 싶으면 나눠 **먹든지**."

나경이는 못 이기는 척 김치볶음밥을 강민이에게 내밀었다.

"역시 나경 님. 그런데 국물이 없어서 아쉽네."

"방금 담이가 컵라면에 물 뜨러 갔잖아. 아침에 편의점에서 사 온 거."

"허담 이 녀석 센스 봐라. 편의점 꿀 조합을 아네. 담이 컵라면 공격. 어때?"

"**그러든지 말든지**."

~든은 여러 가지 선택을 할 때 쓰여요. '나는 **피구든 축구든** 상관없어.'처럼요. **~던**은 지난 경험이나 과거의 일을 나타낼 때 써요. '어제 **했던** 피구가 재밌었어.'처럼요.

뚝딱 로봇

● 글_손상희

"초등래퍼에 도전하는 채은우, 고강민. 앞으로 나와 주세요."
두둠칫거리는 비트가 나오고 은우의 랩이 시작됐다.

"Yo! Hey, man. 나를 소개하지. 내 이름은 채은우. 차은우 아니고 채은우. 얼굴 천재 아니고 공부 천재. 너희들이 집에서 **꿈**을 꿀 동안 나는 집에서 내 **꿈**을 향해 공부한다. 오늘부터 나는 랩몬스터! yeah!"

"꺄! 이게 뭐야? 손발이 오그라들어서 사라질 거 같아."
"채은우 공부만 하더니 미친 거 아냐?"
나경이와 우주가 한마디씩 했다.
'그렇게 별론가? 나름 센스 있고 괜찮은 것 같던데.'

로라는 속으로 생각했다. 하지만 괜히 편을 들어 줬다간 이상한 오해를 받을까 봐 입을 꾹 다물었다.

'됐어. 지금 그런 거 걱정할 때야? 곧 우리 순서일 텐데.'

로라는 입술이 바짝바짝 말랐다. 연습하던 때가 떠올랐다.

롤린 댄스는 정말 어려웠다. 나경이와 우주는 어떻게 그리 유연한지 엉덩이를 실룩실룩 잘도 움직였다. 아무리 가르쳐 줘도 로라는 따라 할 수 없었다.

"아니, 눈으로만 보지 말고! 이렇게, 이렇게."

화 한 번 안 내고 친절하던 우주도 결국 큰 소리를 냈다.

"잘 봤습니다. 이어서 롤린 댄스를 시작하겠습니다."

어느새, 선생님이 롤린 댄스를 소개하고 있었다. 나경이와 우주가 먼저 앞으로 나갔다. 로라는 후들거리는 다리를 진정시키며 뒤를 따랐다.

"롤린 롤린 롤린 롤린."

흥겨운 음악이 흘러나왔다. 로라는 최선을 다해서 춤을 췄다.

"우하하하! 저게 뭐야. 뚝딱거리는 게 로봇 같아."

"로라, 지금 뭘 추고 있는 거야? 같은 춤 맞아?"

"꺄항항항항항!"

여기저기서 웃음이 터져 나왔다. 로라의 진지한 눈빛만은 아이돌 못지않았다. 열심히 하는 로라가 귀여워서 아이들은 손뼉을 치며 더 크게 웃었다. 폭발적인 반응에 로라는 당황스러웠다.

"아하하하, 웃겨. 로라 네가 짱이야!"

이게 칭찬일까, 욕일까? 로라는 궁금했지만 그래도 끝나서 홀가분했다.

> 은우의 랩에는 두 번의 꿈이 나오는데 둘은 다른 뜻이에요. 첫 번째 **꿈**은 우리가 잠잘 때 꾸는 꿈을 말하고, 두 번째 **꿈**은 이루고 싶은 희망을 의미해요.

머리가 띵

●글_손상희

"대박 사건! 저것 좀 봐!"

은우가 교실로 막 들어서는데, 강민이가 소리쳤다.

강민이는 손가락으로 교실 뒤에 있는 환경판을 가리켰다. 서연이의 포스터에 선명한 빨간 매직 자국이 보였다.

숲을 깨끗시 이

"저게 뭐야?"

"드디어 명탐정 고강민이 실력을 발휘할 때인가?"

신난 강민이와 아이들이 탐정 놀이를 시작했다. 그 와중에도 은우 짝 로라는 조용히 아침 글쓰기를 했다. 은우도 얼른 공책을 꺼냈다.

"오늘 왜 이렇게 소란스럽죠? 아침 글쓰기는 다 했나요?"

봉달희 선생님의 차가운 목소리가 들려왔다. 아이들은 모두 후다닥 자리로 돌아갔다.

"선생님, 누가 빨간색으로 서연이 포스터에 낙서했어요."

"이게 무슨 일이죠? 하아."

선생님과 친구들이 머리를 맞대었지만, 도무지 범인을 잡을 수 없었다.

어느덧 점심 시간이었다. 아침부터 배가 살살 아팠던 은우는 결국 급식을 다 버렸다. 그리고 친구들이 없는 틈을 타 얼른 화장실로 향했다. 시원하게 볼일을 보고 나오는데 로라가 까치발을 들고 복도 환경판 앞에 서 있었다.

"너 거기서 뭐해?"

로라가 화들짝 놀라며 은우를 바라보았다. 두 눈이 마주쳤.

또르르르르. 로라의 손에서 떨어진 빨간 매직이 은우 쪽으로 굴러왔다. 당황한 로라가 뒷걸음질치더니 휙 몸을 돌려 쌩하고 달려갔다.

은우는 굴러온 빨간 매직을 주웠다. 그리고 환경판을 바라보았다.

화장실을 깨끗희 쓰는 당신이 짱!입니다.

　　은우는 머리가 띵 했다. 빨간 매직의 범인이 로라라니!
　　"뭐야, 오로라."
　　은우는 안경을 추켜올리며 한쪽 입꼬리를 쓰윽 올렸다. 드디어 로라의 약점을 잡았다.
　　"너, 딱 걸렸어!"

> **깨끗이**를 쓸 때 **깨끗히**로 써야 하나 헷갈릴 때가 있어요. 보통 '~하다'가 붙었을 때는 '~히'로 쓰지만, '깨끗이'는 예외랍니다. '깨끗하다'여도 '깨끗히'가 아니라 **깨끗이**로 써야 해요.

오늘부터 우리는

●글_손상희

'이제 어떡하지? 하필 짝이 채은우라니!'

로라는 다리를 달달 떨었다. 심장이 기분 나쁘게 둥둥 울렸다.

"로라야."

은우의 목소리에 로라는 깜짝 놀랐다. 창백한 얼굴을 들자, 은우가 로라 옆에 털썩 앉으며 약올렸다.

"너 같은 바른말**장이**가 어떻게 그런 일을?"

"바른말**쟁이**."

"와, 이 와중에도 지적? 넌 찐이야. 인정."

"오늘 일 비밀로 해 줘. 앞으로 두 번 다시 빨간 매직으로 맞춤법 고치고 다니지 않을게."

"맨입으로?"

"뭐?"

"내가 왜 비밀로 해 줘야 하는데?"
"지금 나 협박하는 거야?"
"협박까지는 아니고."
로라는 가슴이 꽉 막혔다. 은우는 이 상황을 즐기는 것 같았다.
'애가 나한테 왜 이러지? 혹시 지난번에……'
"너 설마 저번에 귤 껍질 일로 나한테 복수하는 거야?"
아무 말 못 하는 은우의 모습에 로라는 속이 탔다.

"그때는 내가 말이 심했어. 내가 어떻게 해 줄까?"

로라의 사과에 은우의 눈빛이 먹잇감을 발견한 사자처럼 변했다. 은우는 기회를 놓치지 않고 잽싸게 말했다.

"나한테 맞춤법 알려줘. 다른 사람 모르게. 인정하긴 싫지만 네가 맞춤법 하나는 나보다 잘 알더라."

"좋아."

"오케이. 오늘부터 우리는 비밀짝이야. 손가락 걸고 약속."

위기를 넘긴 로라는 안도의 한숨을 쉬었다. 하지만 앞으로 서연이를 어떻게 봐야 하는 걸까? 로라는 또다시 가슴이 답답해졌다.

> **~장이**는 특별한 기술이나 직업을 가진 사람을 말해요. 대장간에서 일하는 대장장이처럼요. **~쟁이**는 어떤 특징이 있는 사람을 말할 때 써요. 욕심이 많으면 욕심쟁이, 멋을 잘 부리면 멋쟁이처럼요.

그 말이 아니야

●글_정하연

"애들 다 어디 있지?"

"과학실 갔겠지. 에바나랑 같이 와. 나 먼저 간다."

은우가 뒷문으로 나갔다. 로라도 얼른 교과서를 챙기면서 에바나를 불렀다.

"**일어나**. 과학이야."

"로라, 나 안 잤어!"

에바나는 미간을 찌푸리며 말했다. 대답 없는 로라를 돌아보고는 한마디 덧붙였다.

"나 안 잤다고."

"누가 뭐래?"

그 말에 에바나가 입을 웅크렸다. 입술을 오물거리는 게 뭔가 할 말이 있는 것 같았다. 빠른 걸음으로 복도를 지날 때, 에바나가 말을 꺼냈다.

"기분 나빠. 나 수업 시간에 자. 왜냐면 무슨 말인지 잘 몰라. 그래도 맨날 자는 거 아니야. 근데 왜 **일어나**라고 했어?"

"무슨 말을 하는 거야?"

"나 잠 안 잤는데 **일어나**라고 했잖아!"

에바나의 눈에 억울함이 가득했다. 로라는 머리를 굴렸다. 아하! 에바나가 왜 기분 나빠하는지 느낌이 왔다.

"에바나, 자리에서 일어설 때도 **일어나**라고 해. 아침에 잠에서 깰 때도 **일어나**라고 하고. 말이 똑같아서 헷갈렸어?"

"그럼 나 자는 줄 안 거 아니네?"

로라가 고개를 끄덕였다. 에바나가 킥킥 웃었다.

"한국말 재밌어. 잠에서 **일어나**. 자리에서도 **일어나**."

오해가 풀렸는지 에바나는 언제 꿍했냐는 듯 종알종알 입을 움직였다. 그러고는 빨간 매직 이야기를 꺼내는 거였다.

"서연이 화났어. 진짜 누구지? 우리 반?"

로라는 다시 체한 것처럼 가슴이 꽉 막힌 기분이 되었다. 포스터 사건을 들키면 정말 큰일이 **일어날** 것 같았다. 최악을 피하려면 직접 잘못을 고백해야 하는데 쉽지가 않았다.

'채은우가 떠벌리면 난 끝이야. 비밀짝, 그거 제대로 해야지.'

맞춤법 중독의 부작용은 어마어마했다.

아침에 일어날 때도, 의자에서 일어날 때도, 다툼이 일어날 때도, 모두 **일어나다**를 쓰지만, 뜻은 달라요. 이렇게 우리 말에는 글자는 같지만, 뜻이 여러 개인 낱말이 많답니다.

무지개 팽이

● 글_김빛나

    담이는 뽑기 앞에 쪼그려 앉은 **채** 간절한 마음으로 스위치를 돌렸다. 드르륵 드르륵.
    "또 노란색이네. 무지개색은 왜 안 나오는 거야. 칫!"
    빨강, 파랑, 노랑, 무지개 팽이. 뽑기 상자에는 모든 팽이가 다 그려져 있었다. 하지만 아무리 뽑아도 무지개 팽이는 코빼기도 보이지 않았다.
    "허담, 뽑기를 얼마나 한 거야. 그 돈으로 떡꼬치나 사먹지."
    강민이가 아침부터 떡꼬치를 오물거리며 다가와 아는 **체**를 했다. 담이 옆에 잔뜩 쌓여 있는 팽이를 발로 툭 건드리며 물었다.
    "어이 친구, 나 모르는 **체**하는 거냐?"
    "그게 문제가 아니야. 마지막이다. 쓰읍."
    또로록 하고 손잡이를 돌리자, 팽이 하나가 툭 떨어졌다.

"그렇지, 무지개 팽이! 안 나올 리가 없지."

"와! 그 뽑기 힘들다는. 나도 좀 보자."

"솔직히 내가 이 통에 있는 거 다 뽑았어. 이만 원 정도 썼을 걸?"

담이의 입이 헤벌쭉 벌어졌다. 담이는 무지개 팽이만 들고 일어났다.

"고강민, 이제 학교나 가자."
"야, 너 이 팽이들은 다 안 가지고 가?"
강민이가 담이를 불러 세웠다.
"그거? 됐어. 뽑기만 하면 나오는 거."
"그럼 내가 가져도 되냐?"
강민이가 바닥에 나뒹구는 팽이들을 주섬주섬 주우며 물었다.
"떡꼬치 한 입 주면. 근데 그거 가져가서 뭐 하려고?"
"진짜? 딴 말 하기 없기다. 땡큐, 땡큐."
"고강민, 정말 그렇게 좋냐, 좋은 체하는 거냐?"
"교실에 갖다 둬야겠다. 애들이랑 점심시간에 놀게."
"어?"
"다 같이 하면 완전 재밌을 걸? 너도 할 거지?"
강민이의 말에 담이는 손에 쥔 무지개 팽이를 주머니에 쏙 넣었다.

채는 상태가 바뀌지 않고 그대로 있을 때 써요. '모기를 산 채로 잡았다.', '이불을 덮지 않은 채로 잤다.'처럼요. **체**는 그럴듯하게 꾸미는 모양이에요. '척'과 비슷한 말이죠. '잘난 체한다.', '모르는 체한다.'와 같이 쓰여요.

방귀 주인

● 글_이봉금

"우웩, 이게 무슨 냄새야? 똥 쌌냐?"

나경이는 손가락으로 코를 틀어막았다. 그리고 의심에 가득 찬 눈빛으로 엘리베이터에 탄 아이들을 노려보았다.

"송나경 너 아니야? 방귀 뀐 놈이 성낸다잖아."

팽이만 만지작거리던 담이가 불쑥 나경이에게 말했다. 나경이는 황당했다.

"너야말로 나한테 뒤집어씌우기야?"

나경이는 의심스럽다는 눈빛으로 담이를 노려봤다.

그때 엘리베이터 문이 열렸다.

"그럼 나는 이만."

슬금슬금 비집고 나가려던 강민이가 엘리베이터 안으로 들어오던 끝순 여사와 부딪혔다. 나경의 친구들은 나경이네 할머니를

끝순 여사라고 불렀다.

"아이쿠, 이 녀석아. **다칠** 뻔했다."

그러는 사이에 문이 **닫혔다**. 강민이는 엉거주춤하게 섰다. 끝순 여사가 물었다.

"호호호, 누가 고구마 먹었냐?"

"고구마? 할머니가 어떻게 알아?"

나경이가 호들갑스럽게 물었다.

"냄시가 딱 고구마네."

나경이의 눈빛이 더욱 날카로워졌다. 친구들의 입가를 샅샅이 훑었다. 말끔했다. 나경이가 재촉했다.

"또 또 또, 뭐 없어?"

할머니는 숨을 크게 들이켰다.

"어디 보자, 달짝지근한 것이 호박고구마구만."

그 순간, 나경이는 두 손을 어색하게 숨긴 강민이를 발견했다.

"잡았다, 요놈."

나경이가 강민이의 손목을 확 잡아챘다. 손톱 밑에 노오란 고구마가 끼어 있었다.

"헤헤헤, 딱 한 입 먹었어."

"한 입 좋아하시네. 근데 냄새가 이렇게 고약해?"

나경이가 의기양양하게 큰소리쳤다. 할머니가 잠자코 바라보다가 한마디했다.

"잘 먹으면 됐지, 뭘 따지냐? 나경이 니 방귀도 장난 아녀."

나경이는 손으로 얼른 할머니 입을 막았다.

'닫히다'와 '다치다'는 소리는 비슷하지만, 의미가 달라요. **닫히다**는 안과 밖이 통하지 않을 때, '문이 닫히다.'처럼 써요. **다치다**는 상처를 입었을 때, '손가락을 다치다.'처럼 사용해요.

쥐구멍에 숨고 싶은 날

● 글_윤우주

달리기 기록을 측정하는 날이었다. 빛나초 4학년 아이들은 재잘재잘 떠들며 설레는 마음으로 운동장으로 향했다.
"와, 이렇게 **많이** 모인 건 진짜 오랜만이다!"
강민이는 주변을 둘러보며 **큰** 소리로 말했다.
"오늘 1등 누굴까? 으, 벌써 손에 땀나."
강민이의 옆에서 담이가 손을 비비며 말했다.
"뭐 그런 걸 신경 쓰고 그래? 오늘 점심 잔치국수던데. 면 불기 전에 빨리 끝나면 좋겠다."
"역시 고뚱. 인정한다."
담이가 엄지척을 하며 말했다. 둘은 운동장 계단에 쪼르르 앉았다.
모두들 달리기하는 친구들의 이름을 부르며 환호했다. 강민이

도 이에 질세라 목이 터질 정도로 응원했다.

"벌써 소화가 다 됐네. 얼른 달리고 맛있는 점심 먹자!"

드디어 강민이 차례가 되었다. 준비, 땅! 총소리에 강민이는 잽싸게 발을 앞으로 내딛으며 달렸다. 하지만 오래 가지 않아 몸의 한계가 찾아왔다.

'어휴, 숨차. 아직도 한참 남았잖아?'

금세 숨이 차서 헉헉거리기 시작했다. 다리가 코끼리 다리보다도 무거웠다. 결국 강민이는 발을 질질 끌며 걸었다. 온몸이 천근만근이었다.

"고강민! 고강민!"

친구들의 응원 소리가 들렸다. 하지만 하나도 힘이 나지 않았

다. 되려 얼굴만 달아올랐다. 강민이는 헥헥대며 도착점을 겨우 통과했다.

"강민아, 수고했어."

숨을 돌리는 강민이에게 선생님이 다가와 말했다. 강민이는 쥐구멍에 숨고 싶었다.

'나만 걸었어. 하, 심각하긴 하다. 이제 진짜 살 뺄 거야!'

강민이는 주먹을 불끈 쥐었다.

'많다'와 '크다'는 느낌은 비슷해도 쓰는 상황이 달라요. **많다**는 셀 수 있는 물건의 양이나 개수가 넉넉할 때 써요. "난 용돈이 많아."처럼요. **크다**는 구체적으로 셀 수는 없지만, 상태나 정도가 보통을 넘어설 때 써요. "우리 학교는 크다.", "너 목소리 크다."처럼요.

봉다리 교실 한글 맞춤법 ② 띄어쓰기, 붙여쓰기

글_손상희

에바나 선생님, 띄어쓰기를 왜 해요? 너무 어려워요.
봉달희 흠, 이 문장을 살펴볼까요?

봉달희 띄어쓰기를 어떻게 하느냐에 따라 문장의 의미가 완전히 달라져요. 물을 마시게 될지, 나물을 먹게 될지, 띄어쓰기가 결정하는 거죠.
고강민 에바나, 생각해 봐. '할머니가 죽을' 끓여야 하는데 띄어쓰기를 잘못하면 '할머니 가죽을'……?
에바나 끔찍해!
봉달희 후, 고강민. 이걸 보고도 에바나를 놀릴 수 있을쓴요?
고강민 아닛, 이건 제 아침 글쓰기가 아닙니까? 희대의 띵작인데!

> 고강민이랩을한다술술술탄성이터진다와우와우와우
> 라면과닭강정와구와구와구목마를탠콜라를콸콸콸

봉달희 띄어쓰기가 전혀 안 되어 있잖아요.
고강민 선생님, 진정한 래퍼는 멈추지 않는 법이라고요. 쉴 틈이 없어요!
봉달희 쉴 틈이 없어서 쉽게 읽히지 않아요. 띄어쓰기를 제대로 하면 내용을 더 정확하게 전달할 수 있어요.
에바나 띄어쓰기 왜 하는지 이제 알았어요. 하지만 너무 어려워요.
봉달희 띄어쓰기에도 규칙이 있어요.
에바나 규칙이요?
봉달희 첫째, 낱말과 낱말 사이는 띄어 써요.

> 엄마 는 키 가 커요.

고강민 이상한데요?
봉달희 단, '이/가, 을/를, 은/는, 의'와 같이 혼자 쓸 수 없는 글자는 앞말에 붙여 써야 하죠.

> 엄마는 키가 커요.

에바나 이렇게요?
봉달희 잘했어요. 둘째, 마침표나 쉼표 뒤에 오는 말은 띄어 써요.

어젯밤에 치킨,피자,아이스크림을 먹어서 배탈이 났다.너무 아팠다.

봉달희 이 문장을 바르게 띄어 써 볼까요?

어젯밤에 치킨, 피자, 아이스크림을 먹어서 배탈이 났다. 너무 아팠다.

봉달희 셋째, 수를 나타내는 말과 단위를 나타내는 말 사이는 띄어 써야 해요. 문장을 만들어 볼까요?
에바나 엄마, 용돈 오천 원만 주세요!
고강민 사장님, 여기 케이크 두 조각이랑 버블티 한 잔 주세요!
에바나 이제 규칙 몇 개 남았어요? 에바나 다 외울래요.
봉달희 그보다는 책을 많이 읽고 글을 자주 써 보는 게 어떨까요? 자연스럽게 띄어쓰기를 익힐 수 있을 거예요.

띄어 쓸까, 붙여 쓸까?

①과 ②의 두 보기 중에서 띄어쓰기가 올바르게 표기된 곳의 □를 선택해 보세요.
누가 더 많이 맞혔는지 친구들과 겨루어 보는 것도 재미있을 거예요.

	①	②
1	□ 선생님께 편지를 썼다.	□ 선생님께 편지를 썼다.
2	□ 아이고, 깜짝이야!	□ 아이고,깜짝이야!
3	□ 풀 한 포기	□ 풀 한포기
4	□ 손수건을 꺼냈다.	□ 손 수건을 꺼냈다.
5	□ 제비같이 날쌔게 날아갔다.	□ 제비 같이 날쌔게 날아갔다.
6	□ 너랑같이 갈래.	□ 너랑 같이 갈래.
7	□ 책 만큼 소중한 게 없다.	□ 책만큼 소중한 게 없다.
8	□ 급식을 먹을 만큼 담자.	□ 급식을 먹을만큼 담자.
9	□ 밥을 먹은지 몇 시간이나 지났어.	□ 밥을 먹은 지 몇 시간이나 지났어.
10	□ 학원에 갈지 말지 고민이야.	□ 학원에 갈 지 말 지 고민이야.
11	□ 아파서 5일 만에 학교에 갔다.	□ 아파서 5일만에 학교에 갔다.
12	□ 왜 엄마는 맨날 일 만 하지?	□ 왜 엄마는 맨날 일만 하지?
13	□ 내가 너 만 못하겠니?	□ 내가 너만 못하겠니?
14	□ "알았다"라고 말했다.	□ "알았다" 라고 말했다.
15	□ "알았다"하고 말했다.	□ "알았다" 하고 말했다.

| 정답 |

1. ① *문장이 끝날 때에는 띄어 쓰지 않고 붙여 써요. 2. ① *쉼표, 마침표 등 문장 부호 다음에는 띄어 써요. 3. ① *수를 나타내는 말과 단위를 나타내는 말은 띄어 써요. 4. ① *수수건'은 한 단어이므로 붙여 써요. 5. ① 6. ② *같이~', '~처럼', '~만큼', '~보다' 같이 비교를 나타내는 말은 앞말에 붙여 써요. 7. ② 8. ① *'만큼'이 용언(동사, 형용사) 뒤에 올 때에는 띄어 쓰고, 명사 뒤에 올 때에는 붙여 써요. 9. ② 10. ① *시간이나 장소를 나타낼 때 '지'는 띄어 써요. 11. ① 12. ② 13. ② *'만'이 숫자나 시간의 경과를 나타낼 때는 띄어 쓰고, 다른 것과 비교하거나 한정, 강조의 뜻을 나타낼 때는 앞말에 붙여 써요. 14. ① *인용문 뒤에 오는 '라고'는 붙여 써요. 15. ② *인용문 뒤에 오는 '하고'는 띄어 써요.

오늘도 만 원

● 글_김빛나

 엄마는 오늘도 만 원을 식탁 위에 올려놓았다.
 "담아, 아침 남기지 말고 다 먹어. 네가 좋아하는 홍시잖아. 엄마 나갔다고 **절대** 다시 자지 **말고**. 지각하지 않게 시간 잘 보고 학교 가."
 엄마가 일을 시작하고 나서부터 담이의 생활은 완전히 바뀌었다. 학교에 시간 맞춰 가는 것도 엄마의 재촉이 없으니 **결코** 쉬운 일이 **아니었다**.
 "뽑기 적당히 하고. 오늘 저녁에도 컵라면 먹으면 **절대로 안 돼**. 허담, 대답 안 해?"
 엄마는 쉬지 않고 말했다.
 "알겠다고요. 알아서 잘해요."
 "그래도 용돈을 더 받으니까 너도 좋지? 엄마가 돈 많이 벌어서 우리 담이 맛있는 거 사 줘야지."

"……."

신발을 신던 엄마가 담이 쪽으로 고개를 돌렸다. 담이의 입이 삐죽 나와 있었다. 엄마는 짧게 숨을 내쉬었다.

"엄마 간다. **절대** 지각**하지 마**."

엄마가 현관문을 열고 나간 후에도 엄마의 목소리가 들려왔다.

잠시 후, 엘리베이터 문이 닫히는 소리가 났다.

"이제야 조용하네."

담이는 식탁 위에 덩그러니 놓인 홍시를 내려다봤다. 용돈이 오천 원에서 만 원으로 턱하니 올랐을 때는 기뻤다. 뽑기도 더 하고 군것질도 더 할 수 있었으니까. 하지만 만 원을 받는 날이 늘어날수록 엄마가 없는 집이 더 휑하게 느껴졌다.

"그렇게 걱정되면 출근 안 하면 되잖아. 돈만 주면 다야."

담이는 숟가락으로 애꿎은 홍시만 찔러 댔다. 그러고 있는데 엄마한테서 카톡이 왔다.

 엄마

담아, 엄마가 요즘 너무 바쁘지?
곧 방학이니까 그때 같이 놀러 가자.
사랑해.

낱말에도 짝처럼 어울리는 말이 있어요. **절대**나 **결코**라는 낱말은 **~하지 않다, ~가 아니다**와 같은 부정적인 말이 따라와요. "내가 한 게 절대 아니야. 결코 그럴 리 없어."처럼요.

같이 꾸는 꿈

● 글_정하연

"선생님 진짜 너무해!"

에바나는 고개를 저으며 한글책을 덮었다. 선생님이 내준 특별 방학 숙제는 너무 어려웠다.

"에바나, 안야 좀 돌봐! 방에만 박혀 있지 말고."

그 와중에 엄마는 동생을 돌보라니. 에바나는 머리가 터질 것 같았다.

"나 공부하는데!"

"그럼 나는? 혼자 애 보고, 밥하고, 청소하고, 다 하리?"

에바나는 한숨을 쉬며 방문을 열었다. 기다렸다는 듯 안야가 달려왔다.

"에바나, 에바나, 에바나! **같이** 놀자, 놀자, 놀자!"

안야는 한순간도 가만히 앉아 있지 않았다. 에바나는 항상 혼이 쏙 빠졌다.

"혼자 뭐 했어? **같이** 하자! 이거 뭐야?"

언제 올라갔는지, 안야가 책상 위에서 한글책을 잡아 흔들었다. 에바나는 차라리 울고 싶었다. 순간, 기발한 생각이 떠올랐다.

"안야, 여기 앉아 봐."

"뭔데, 뭔데?"

"엄청 재밌는 거."

에바나는 안야와 자신의 이름을 공책에 또박또박 썼다. 그리고 한 글자씩 짚으며 소리 내 읽었다. 안야는 서툰 발음으로 따라 읽었다.

"안. 야. 에. 바. 나."

"잘했어. 네 이름은 이렇게 생겼어."

안야는 신기하다는 듯 눈을 동그랗게 떴다. 그리고 연필로 글자를 따라 그렸다.

"안. 야. 안. 야."

아기 새처럼 종알거리는 모습을 보자 에바나는 가슴이 뛰었다. 언젠가 봉달희 선생님이 했던 말이 떠올랐다.

'꿈은 아주 작은 순간에도 꿈틀거려. 마음이 콩콩거리고 **가치** 있는 일을 찾아봐.'

에바나는 자신의 첫 번째 학생을 내려다보았다. 앞으로 이 말썽꾸러기를 어떻게 가르칠지 기대되었다.

같이와 **가치**는 비슷하게 들려도 뜻이 전혀 달라요. 이런 낱말들은 언제, 어떤 뜻으로 사용되는지 잘 생각해야 해요. '같이'와 '가치'가 헷갈릴 때는 그 자리에 '함께'를 넣어 봐요. **같이**가 들어갈 자리에는 '함께'를 넣어도 문장이 어색해지지 않는답니다.

주꾸미가 쏘아 올린 하트

● 글_정하연

"끝순이네 끝내 주는 쿡방! 오늘의 요리는?"
"요것이 이제 할매 이름을 다 팔아먹네. 내가 니 친구냐?"
"할머니! 이거 생방이란 말이야. 여러분, 방금 건 잊어요. 다시, 다시!"

나경이는 조금 특별한 방학 숙제를 하고 있었다. 요리 영상을 인스타 라이브로 찍는 것이다. 혼자 하기 쉽지 않아서 할머니에게 화면 밖에서 몰래 도와달라고 했는데, 시작부터 난장판이었다.

나경이는 목소리를 가다듬고 말을 이었다.

"오늘은 매콤한 쭈꾸미 볶음을 만들 거예요. 애기 님들이라면 잘 아시겠지만, 우리 형우 오빠가 요즘 매운 요리에 꽂혔잖아요?"

재료를 보여주려고 핸드폰을 들던 차였다. 할머니가 커다란 엉덩이로 나경이를 밀어내고, 화면을 차지했다.

"형우 씨, 맘 같아선 내가 직접 해다 먹이고 싶은데 이거는 바로 해 먹어야 야들야들하니 맛이 좋아요. 꼬옥 만들어 봐요옹. 호호."

할머니답지 않게 존댓말까지. 나경이는 기가 찼다.

"누가 손주야. 나한테도 그렇게 좀 해 봐, 할머니."

"시끄러야. 자자, 이제 재료를 볼게요옹."

할머니가 **주꾸미**를 든 손을 카메라 앞에 냅다 들이밀었다.

"이렇게 싱싱한 **쭈꾸미**를 써야 탱탱하지요옹."

댓글 창으로 하트가 쏟아졌다. 할머니의 사투리가 귀엽다는 사람도 있었다. 나경이는 고개를 갸웃거렸다.

"할머니, 쭈꾸미가 아니라 주꾸미라는데? 쭈꾸미는 사투리래."

"주꾸미라 하면 주욱 처지는 게 맛대가리 없는데. 그게 맞냐?"

"그니까. 쭈꾸미가 더 쫄깃쫄깃한데?"

둘이 고민하는 사이, 댓글 창에서도 주꾸미가 맞니, 쭈꾸미가 맞니, 논란이 일었다. 이 장면이 인터넷에 여기저기 퍼지면서 김끝순 여사의 덕질 계정도 덩달아 팔로워가 늘었다.

나경이는 어안이 벙벙했다.

"이거 실화야?"

주꾸미가 쏘아올린 힘은 정말 어마어마했다.

쭈꾸미? **주꾸미**? 정답은 둘 다입니다. '쭈꾸미'는 주꾸미를 부르는 전라남도의 사투리이기도 한데요. 사람들이 '쭈꾸미'라는 말을 자주 쓰다 보니 '쭈꾸미'도 사용이 인정되었답니다.

치킨은 치킨이지

●글_김빛나

　말복이라 그런지 유난히 날씨가 덥다. 강민이는 뜨거운 햇볕을 피해 집으로 걸음을 재촉했다. 비 오듯 흐르는 땀에 옷이 몸에 찰싹 달라붙어 배가 한껏 도드라졌다.
　"이렇게 배가 고픈데도 배가 나와 있네. 에휴."
　엘리베이터 문이 열리자 후끈한 공기와 함께 진한 양념 냄새가 풍겼다. 강민이는 냄새의 출처를 알아내기 위해 숨을 깊게 들이마셨다.
　"킁킁. 지난번에 먹었던 것과는 **다른** 치킨이군. 알싸하다. 혹시?"
　강민이의 둥그런 콧구멍이 벌름거렸다. 공부할 때는 돌아가지 않던 머리가 팽글팽글 잘도 돌았다.
　"맞아, '주황 통닭'의 양념 파치킨! 제발 우리집이면 좋겠다."

생생한 파채가 잔뜩 올라간 매콤한 양념 치킨이 눈에 아른거렸다. 강민이는 현기증이 났다. 집에 가까워지자 냄새는 한층 진해졌다. 강민이는 콩콩거리는 가슴을 안고 집으로 뛰어 들어갔다. 아니나 다를까 아빠가 치킨 박스를 들고 있었다.

"역시 내 생각이 **틀렸을** 리가 없지. 복날에는 주황 통닭이지!"

"우리 아들 살 빼는 거 아빠가 도와줘야지. 치킨은 칼로리가 높으니까 아빠가 먹고, 강민이는 샐러드 어때?"

아빠가 놀리듯 말했다. 그런다고 그냥 물러설 강민이가 아니었다. 눈앞에서 아른거리는 알싸한 치킨을 포기할 수 없었다.

"에이, 그래도 치킨을 모르는 척하는 건 예의가 아닙니다. 제가 무슨 치킨인지 맞히면 먹게 해 주세요."

"좋아. 아무리 먹깨비라도 쉽지 않을걸?"

"그거 양념 파 치킨이죠, 맞죠?"

"땡. **틀렸네**. 파 치킨이 아니라 마늘 치킨이야. 봐, **다르지**? 아들은 샐러드나 먹어야겠는데?"

"아빠, 양념 치킨을 후라이드 치킨이라고 했으면 틀린 거지요. 난 양념 치킨이라고 했잖아요. 양념 마늘 치킨이든 양념 파 치킨이든 같은 양념 치킨 아니겠습니까."

아빠가 미처 대답할 겨를도 없이 강민이의 양손이 잽싸게 닭다리로 향했다.

"아이고, 이 녀석! 먹깨비를 누가 말려."

다르다는 서로 같지 않을 때 써요. "너는 나랑 생각이 다르구나.", "우린 다르게 생겼어."처럼요.
틀리다는 정답이 있는 셈이나 사실이 잘못되었을 때 써요. "나눗셈을 잘못해서 이 문제를 틀렸어."처럼요.

마음이 오르락내리락

● 글_윤우주

    햇빛이 비치는 화창한 날, 은우는 로라와 도서관에 가는 길이었다.

    알면 알수록 로라는 좋은 친구였다. 로라 덕분에 맞춤법도 잘 알게 **된** 건 물론이었다.

    "오잉! 이게 누구신가?"

    등 뒤에서 익숙하고도 씩씩한 목소리가 들렸다. 강민이었다. 은우는 갑작스러운 강민이의 등장에 깜짝 놀랐다.

    "너희 뭐 하냐? 사귀냐?"

    강민이가 툭 내뱉은 말에 은우의 심장은 요동쳤다.

    "같이 다니면 다 사귀는 거야?"

    로라가 태연하게 대꾸했다. 아무렇지 않아 보이는 로라의 모습에 은우는 내심 서운했다.

"그럼 어디 가?"

강민이가 호기심 어린 눈으로 물었다.

"오늘 도서관에서 영화 보여 준대. 너도 같이 가도 돼."

로라의 말에 은우의 눈썹이 꿈틀했다.

'셋은 좀 그런데.'

은우는 속으로 생각했다.

"우웩, 방학에도 도서관? 나는 분식집이나 털러 갈래."

강민이는 한 손을 흔들며 떠나갔다. 은우는 왠지 모를 안도감이 들었다.

"역시 고뚱! 같이 가도 **되는데**."

로라가 웃음을 터뜨렸다.

은우는 웃는 로라의 모습을 바라봤다.

'내가 왜 이러지? 마음이 오르락내리락 난리네.'

은우는 안경을 다시 위로 치켜올리며 침착함을 유지하려고 했다. 아무리 진정하려고 해도 심장이 여전히 콩닥거렸다. 마치 롤러코스터를 타는 기분이었다.

'돼'와 '되'는 발음이 비슷해 언제 쓸지 헷갈려요. **돼**는 '되어'를 줄여서 쓴 말이에요. 예를 들어, "점점 잘하게 돼."에서 '되어'를 넣어도 말이 되니 바꿔 쓸 수 있답니다. **되**는 '되어'를 넣어 말이 되지 않을 때 써요. "넌 웃기면 되잖아."에서 '되어'를 넣으면 말이 안 되니 '되'를 쓰는 거죠.

사고력 학원

● 글_정하연

"다음 주면 개학이라니. 방학 너무 짧다."

나경이가 한숨을 쉬었다. 에바나는 잔뜩 지친 목소리로 중얼거렸다.

"나는 학교 가고 싶어."

"에바나, 그건 좀 아니지."

"나 안야 선생님 그만할래. 너가 안야랑 놀아."

곁에 있던 로라가 에바나의 등을 토닥였다. 나경이도 고개를 끄덕였다. 나경이가 로라에게 물었다.

"맞다, 너 채은우랑 사귀냐? 고강민이 봤다던데."

"뭐래. 그냥 같이 도서관 한 번 간 거야."

로라는 태연한 척 대꾸했다. 비밀짝을 들키는 건 곤란했다.

"둘만? 근데 걘 학원을 여섯 개나 다니면서 도서관도 가네. 언제 논대?"

"이제 일곱 개야. **사고**력 학원까지."

"사고?"

에바나는 흠칫 놀랐다. 정말 별별 학원이 다 있네 싶었다. 사고에서 살아남는 법을 알려 주는 학원이라니.

"일곱 개? 걘 어떻게 살아 있는 거야. 그 와중에도 도서관 데이트를 하시겠다?"

"야!"

로라와 나경이가 아옹다옹하는 사이, 에바나는 혼자 생각에 빠졌다.

'살아 있어? 채은우 **사고** 나서 죽을 뻔했나? 근데 왜 나만 몰랐지.'

서운했다. 이렇게 엄청난 사건을 자기만 쏙 빼고 알고 있다니. 에바나는 입술이 뾰족 나오려는 걸 참고 친구들에게 물었다.

"왜 나는 비밀이야?"

"뭔 소리야?"

"채은우 사고 났어. 많이 다쳤어. 이제 사고 학원 다녀. 사고 안 나는 학원!"

"뭐라고? 하하하!"

"왜 웃어? 나 진지해!"

그만하라는 말에도 로라와 나경이는 좀처럼 웃음을 멈추지 못했다. 자꾸 웃는 친구들을 보자 에바나도 덩달아 웃음이 터졌다.

사고는 생활 속에서 여러 뜻으로 사용돼요. 뜻밖에 일어난 안 좋은 일로 사람이 다치거나 죽는 불행한 일을 **사고**라고 해요. '교통사고'처럼 말이에요. 반면에 무언가 곰곰이 생각한다고 할 때 **사고**한다고 해요. '사고력'은 생각하는 힘을 말하지요.

우리 사이 달고나

● 글_손상희

 등굣길부터 강민이와 담이가 나란히 앉아 달고나를 팠다.
 "이게 뭐라고 이렇게 어렵냐?"
 "키키키, 네가 똥손이라 그렇지. 나 봐라. 벌써 절반 완성했다."
 강민이는 담이의 말에 바짝 약이 올랐다. 그래서 슬쩍 담이의 팔을 쳤다.
 "어이쿠, 미안."
 "야! 너 때문에 다 망했잖아!"
 "실수야, 실수!"
 "이게 실수라고? 내가 너보다 잘하니까 일부러 방해한 거잖아!"
 "**어이없네**. 달고나 좀 잘하는 게 자랑이냐?"
 서로를 바라보는 강민이와 담이의 눈에 파지지직 전기가 튀었다. 두 사람의 신경전은 교실에서도 계속됐다. 눈만 마주치면 "뭘 봐?"라며 싸우려고 해서 친구들은 온종일 가시방석이었다.

하굣길, 또다시 달달한 냄새가 교문 앞을 휘감았다. 본능적으로 강민이의 코가 벌름거렸다. 지나가던 담이가 강민이와 눈이 마주쳤다.

"한 판 하실?"

강민이가 두 눈을 내리깔고 도도하게 말했다. 담이는 마지 못하는 척 고개를 끄덕였다.

"야, 고강민. 이렇게 하란 말이야."

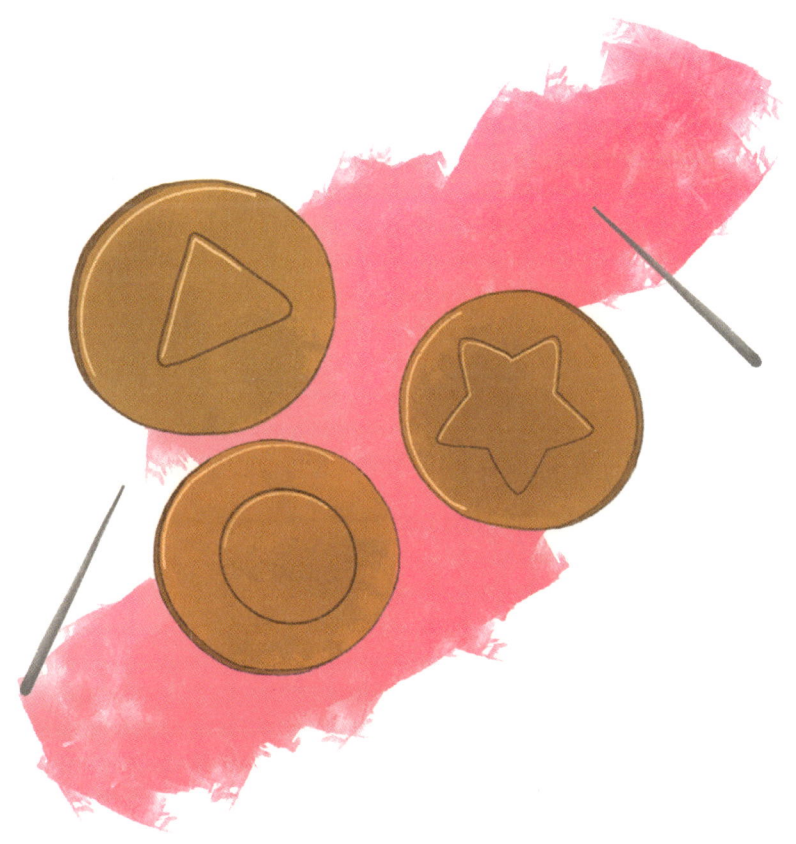

담이가 바늘에 침 묻히기 기술, 달고나 핥기 기술, 긁기 기술을 전수했다.

"이렇게 하는 거 맞아? 나 오늘 성공하는 거 아냐?"

이마에 땀을 송골송골 흘리며 집중하던 둘이 동시에 "성공!"이라고 외치며 얼싸안았다. 우연히 두 사람의 모습을 본 나경이는 기가 찼다. 얼른 휴대폰을 꺼내 그 모습을 찍어서 단톡방에 올렸다.

대박 **어의없어**

로라
어이없어. 내가 저럴 줄 알았다.

은우
앞으로 둘이 싸우면 말리나 봐라.

사진을 본 친구들이 저마다 한마디씩 하며 어이없어했다. 사진 속에서 '역시 너밖에 없어. 우리가 찐친이지!' 하는 강민이의 쩌렁쩌렁한 목소리가 들려오는 것만 같았다.

> **어이없다**를 한자어로 잘못 생각해서 **어의없다**로 오해하는 친구들이 있나요? 너무 뜻밖이어서 기가 막힌다는 의미의 '어이없다'는 '어처구니없다'와 비슷한 순우리말이랍니다.

할매가 간다

●글_정하연

"띠띠띠띠띠!"

비밀번호를 누르는 소리가 신경질적이었다. 나경이는 한숨을 쉬었다. 곧 붉으락푸르락한 얼굴로 할머니가 들어섰다.

"에이, 104호! 망할 여편네!"

"할머니들끼리 팬클럽 한다더니 만나서 맨날 싸우네. 또 무슨 일인데?"

"그 여편네가 은근 날 무시해. 형우 씨가 인스타에 댓글 달아 줬다 했더니, 나보고 손녀 재주로 뻐긴다 안 하냐."

틀린 말은 아니었다. 계정 주인만 할머니지 실제로 게시물을 올리는 건 나경이었으니까. 그래서 할머니도 크게 대꾸하지 못하고 집에 온 것일 테다.

"104호가 트위타를 슥슥 잘하니까 다들 그쪽 편이야. 쌩콩 같은 것들이 트위타에 있는 형우 씨 이야기를 자기들끼리만 안다니까."

"좋은 건 같이 봐야지. 완전 치사하네!"

나경이는 콧김을 뿜으며 제 옆자리를 탁탁 쳤다.

"할머니, 이리 와. 내가 트위터를 몰라도 인스타는 **어떻게** 하는지 내가 다 알려줄게."

나경이는 할머니의 휴대폰에 인스타를 깔았다. 게시물 올리기부터 해시태그 달기, 댓글 쓰기, '좋아요' 누르기까지 차근차근 알려 줬다.

"알랑말랑하다잉. 아야, 마음 독하게 먹어야지. 104호도 하는데 내가 못 할까."

"이제 이 덕질 계정은 진짜 할머니 거야. 게시물 올려 봐."

한참 동안 휴대폰을 두드리던 할머니는 자신의 첫 번째 게시물을 올렸다.

♡ ◯ ⊿
좋아요 보기 · 댓글 32개

kkeutsun_love 애기님덜 이제 내가 직접할랍니다 진짜김끝순이
요104호야보고있냐 나핸드폰못한다고 우습게 보지 말어라 이쁜
손주나경이가 다가르쳐줬다 형우씨 오늘도사랑합니다
댓글 32개 모두보기

    좋아요, 좋아요, 좋아요…… '좋아요' 수가 순식간에 올라갔다. 할머니는 왠지 긴장한 얼굴이었다.

    "글자 많이 틀렸다고 사람들이 욕하면 **어떡해**?"

    "김끝순 여사가 이렇게 겁쟁이였다고? 봐, 다들 엄청 좋아하잖아."

    나경이의 말에 할머니는 그제야 편안한 웃음을 지었다.

어떻게는 보통 방법을 말할 때 사용되고, 문장 중간에 들어가요. **어떡해**는 '어떻게 해'의 줄임말로, 보통 문장의 마지막에 사용된답니다. 이 둘을 합친 '어떻해' 같은 낱말은 없다는 것, 기억하세요!

세상맛 카페

●글_이봉금

세상맛 카페! 오픈 기념, 전 메뉴 3000원. 단 3일만!

새로 문을 연 카페 앞에 커다란 현수막이 걸려 있었다.

투명창 안으로 알전구가 보석처럼 반짝였다. 에바나는 카페 앞에 서서 홀린 듯이 현수막을 쳐다봤다.

"에바나, 학교 안 갈 거야?"

에바나는 로라가 부르는 소리에도 **아랑곳하지 않았다**.

"로라, 세상맛 뭐야?"

"하하하, 그건 엄청 맛있다는 말이야."

"먹어 보고 싶다. 근데 돈 없어."

"너 소원 쿠폰 있잖아? 선생님이 주신 거!"

에바나는 필통에 고이 넣어 두었던 쿠폰을 떠올렸다. 봉달희 선생님이 열심히 공부한다고 주신 거였다. 에바나는 로라에게 엄

지척을 날려 주었다.

  수업이 끝나고, 에바나는 선생님 옆에 쭈뼛쭈뼛 다가갔다.

  "선생님, 오늘 소원 쿠폰 써요!"

  선생님은 옅은 미소를 띠며 고개를 끄덕였다.

  셋은 세상맛 카페로 향했다. 에바나는 룰루랄라 콧노래가 나왔다.

에바나는 메뉴판을 한참 쳐다봤다. 뭐가 뭔지 몰라 **도저히** 고를 수가 **없었다**.

"로라가 자알 골라 주렴."

"음. 그렇다면 선생님은 블랙빈라떼 생크림 추가, 에바나는 애플자몽버블티, 저는 민트초코버블티요."

잠시 후 음료가 나왔다. 로라는 하얀색 빨대를 하나씩 나눠 주었다.

"우아, 엄청 크다."

에바나는 빨대를 꽂고 단박에 쭉 들이켰다. 말캉한 무언가가 목젖을 후려쳤다.

"컥, 이거 뭐야? 이상해!"

"그게 버블이야. 쫄깃쫄깃 완전 세상맛이지."

에바나는 다시 한번 빨대를 쪼오옥 빨았다. 동글동글한 젤리를 우물우물 씹었다. 오묘하고 달큰한 맛이 계속 당겼다.

"세상맛, 좋아!"

아랑곳, **도저히** 같은 말은 '않다'와 '없다'처럼 부정적인 말과 짝이 되는 표현이에요. '아랑곳하지 않았다', '도저히 ~할 수 없었다.'처럼요.

로라의 재발견

●글_손상희

중간놀이 시간이었다. 빈 교실에 들어온 은우가 물을 벌컥벌컥 마셨다.

"아, 시원하다."

자리에 앉으려는데 짝 로라의 공책 사이에 꽂힌 분홍색 쪽지가 눈에 띄었다. 은우는 주변을 살피며 몰래 쪽지를 펼쳤다.

로라야, 안녕?
나는 너를 좋아하는 사람이야. 네가 웃을 때 반했어.
목소리도 상냥하고 착한 것 같아서 좋아. 나랑 **사겨** 줄래?
내가 누군지 궁금하다면 오늘 학교 끝나고 교실에 남아 줘.

'이게 뭐야? 와, 대박.'

　은우는 두근거리는 가슴을 진정시켰다. 누가 볼세라 재빨리 쪽지를 접어 제자리에 꽂아 넣었다. 그리고 골똘히 생각했다.
　'대체 누가 쓴 거지? 고강민? 그럴 리 없어. 허담? 아니야. 민욱이?'
　은우의 머릿속은 온통 쪽지 생각뿐이었다. 은우는 괜히 목이 탔다. 그때 로라가 은우의 어깨를 잡았다.
　"채은우, 나 물 좀 줘."
　"어, 여, 여기……."
　은우는 벙벙한 얼굴로 로라에게 물을 건넸다. 로라가 잡은 어깨가 뜨거웠다.

106

"시원하다."

로라가 환하게 웃었다. 은우는 속으로 생각했다.

'맞아. 로라가 웃을 때 참 귀여워. 나만 아는 줄 알았는데.'

"이제 살겠다. 고마워, 은우야!"

로라가 물통을 건넸다. 손끝이 스치는 순간, 은우의 심장이 쿵! 하고 내려앉았다.

'뭐지? 나 지금 심쿵 당한 거야?'

은우가 심장을 부여잡고 당황한 사이 로라가 쪽지를 발견했다. 로라는 쪽지를 쭉 읽더니 대충 접어서 가방에 집어넣었다.

"나랑 **사귀어** 달라고 해야 맞지. 어휴. 맞춤법도 모르는 남자는 매력 없어."

로라가 작은 목소리로 중얼거렸다.

'다행이다.'

은우는 머릿속이 혼란스러워졌다.

'뭐가 다행이라는 거야? 설마 내가……'

심쿵 당한 심장은 여전히 요란스러웠다.

어디가 틀렸을까요? **사겨**는 잘못된 표기입니다. **사귀다**가 맞습니다. 그래서 "나랑 사귀어 줄래?"라고 표현해야 해요. 고백하고 싶은 친구가 있다면 꼭 기억해 두세요.

봉다리 교실 한글 맞춤법 ③ 문장의 짜임

글_윤우주

허 담 선생님, 이번에 제가 쓴 아침 글쓰기요. 문장을 짧게 끊어 쓰라고 하셨는데 왜 그래야 해요?

봉달희 문장의 짜임을 익히게 하려고요. 낱말을 사용해 알맞은 짜임의 문장을 만들려면 짧은 문장부터 차근차근하는 게 좋으니까요.

허 담 문장의 짜임이요?

도혁이가	달린다.
(주어)	(서술어)

봉달희 이 문장의 주인은 누구일까요?

허 담 도혁이요.

봉달희 맞아요. 도혁이가 이 문장의 주인, 즉 '주어'예요. 주어가 하는 행동인 '달리다'는 '서술어'이지요. 주어와 서술어만으로도 문장을 만들 수 있어요.

도혁이가	달린다.
누가 (주어)	어찌하다 (서술어)
고양이는	귀엽다.
무엇이 (주어)	어떠하다 (서술어)
은우는	반장이다.
누가 (주어)	무엇이다 (서술어)

봉달희 서술어는 주어가 하는 행동뿐만 아니라 상태를 나타내는 말일 수도 있어요.

공부하다
달리다
잠들다
먹다
앉다
걷다

귀엽다
빨갛다
사랑스럽다
행복하다
아름답다
말랑하다

행동을 나타내는 말　　　　　상태를 나타내는 말

봉달희 하지만 주어와 서술어만으로 나타내지 못하는 문장도 있지요.

시은이는	좋아한다.
(주어)	(서술어)

허　담 시은이는 좋아한다……. 뭐를요?

봉달희 그렇죠. '무엇을'이 빠졌어요. 이 '무엇을'에 해당하는 말을 '목적어'라고 해요. 목적어를 넣어 알맞은 짜임의 문장을 만들어 볼까요?

시은이는	무창이를	좋아한다.
(주어)	(목적어)	(서술어)
무율이가	그림을	그린다.
(주어)	(목적어)	(서술어)
강민이는	김치찌개를	먹었다.
(주어)	(목적어)	(서술어)

문장의 짜임_109

채은우 선생님, 이 문장 좀 봐 주세요. 주어, 목적어, 서술어를 어떻게 구분해야 할지 모르겠어요.

> 할머니 손맛의 비밀은 아낌없이 팍팍 넣은 설탕이었다.

봉달희 이 문장의 주인은?

채은우 할머니? 아, 아니다. 비밀이요!

봉달희 그래요. 이 문장의 주인은 '비밀'이에요. 그 앞에 쓰인 '할머니 손맛'은 '비밀'을 보충해서 꾸며 주는 말이지요.

허 담 그럼 주어가 '할머니 손맛의 비밀은'인 거예요?

봉달희 네, 이렇게 주어 부분이 길어질 수도 있어요.

채은우 그럼 '아낌없이 팍팍 넣은'은 서술어 '설탕이었다'를 꾸며 주는 말이겠네요.

봉달희 그 부분은 서술어 부분이 되겠지요.

할머니 손맛의 비밀은	팍팍 넣은 설탕이었다.
(주어 부분)	(서술어 부분)

봉달희 문장의 짜임을 파악하면 문장의 호응이 알맞은지 확인하기 좋아요. 또, 문장을 읽을 때 주어 부분과 서술어 부분으로 나누어 끊어 읽어야 훨씬 안정적이랍니다. 문장의 짜임이 무엇인지, 잘 알겠죠?

채은우 문장의 짜임을 제대로 알려면 문장을 짧게 쓰는 게 중요하고요!

봉달희 담이가 아침 시간에 쓴 글은 처음부터 끝까지 한 문장으로 되어 있어요. 담이의 글을 짧게 끊어 고쳐 써 볼까요?

담이의 글

> 어제 엄마랑 오랜만에 놀이공원을 갔는데 사람이 엄청 많아서 내내 줄만 서다가 집으로 돌아왔는데 엄마가 미안하다고 하면서 대신 저녁으로 치킨을 시켜줬는데 사실 나는 엄마가 일하러 안 가고 종일 나랑 같이 있어서 기분이 좋았고 내일도 엄마가 나랑 집에 있었으면 좋겠다고 생각했다.

황홀한 치즈스틱

● 글_윤우주

해 질 무렵, 텅 빈 운동장에 강민이의 거친 숨소리가 퍼져 나갔다.

"헉헉!"

이번이 세 바퀴째. 다리에 힘이 풀렸다.

'네 바퀴는 뛰어야 하는데. 오늘은 여기까지만 할까.'

강민이는 바닥에 털썩 주저앉았다. 축축해진 옷을 비틀어 짜면 땀이 한 바가지는 나올 것 같았다.

'그냥 치즈스틱이나 쭉 **늘여서** 먹고 싶다.'

고소하고 쫄깃한 치즈를 떠올리자 군침이 돌았다. 강민이는 철봉 아래 놔두었던 가방을 메고 집으로 향했다.

"고뚱!"

익숙한 목소리가 들렸다. 담이었다. 반가웠지만, 강민이는 입꼬리 올릴 힘도 없었다.

"너 지금까지 뛴 거야?"

"어때, 살 좀 빠진 것 같아?"

강민이가 은근히 기대하며 물었다.

"한 번 해서 되겠냐? 아무튼 너 죽기 일보 직전인 건 알겠다. 걸음이 너무 **느려서**."

"다이어트고 뭐고, 그냥 맛있는 거 먹으면서 행복하게 살고 싶다."

"그럼 분식집 구경만 하자. 냄새는 살 안 쪄."

분식집 앞에 서자 새빨간 떡볶이가 강민이의 눈을 사로잡았다.

'흔들리면 안 돼!'

강민이는 눈을 질끈 감았다. 그때 고소한 냄새가 콧구멍 속으로 훅 들어왔다.

'이건 치즈스틱?'

강민이는 길게 늘어난 치즈를 상상했다. 입안 가득 고인 침이 꼴딱꼴딱 넘어갔다. 강민이는 눈을 번쩍 떴다. 겨우 잡고 있던 정신줄은 치즈스틱과 함께 줄넘기한 지 오래였다.

"다 때려치우고 그냥 먹고 싶다. 근데 몇 칼로리냐?"

"그냥 먹어. 맛있으면 영 칼로리."

강민이는 치즈스틱을 입으로 냅다 넣었다. 혓바닥으로 퍼지는 기름 맛과 감미로운 치즈 맛이 황홀했다.

'늘이다'와 '느리다'는 발음이 비슷해 헷갈릴 수 있어요. **늘이다**는 처음보다 길게 만든다는 뜻으로 써요. "옷 길이를 늘이다."처럼요. **느리다**는 매우 속도가 더딜 때 써요. "왜 이렇게 진도가 느려."처럼요.

494949

● 글_김빛나

"마지막 문제야, 허담. 7×7?"

"음……. 48?"

은우는 천장을 올려다보며 한숨을 폭 쉬었다.

"49라니까. 7×7만 물어보면 정답을 **맞히는** 적이 없네."

"거의 비슷한데 뭐."

"수학의 핵심은 정확성이라고! 4949494949."

은우가 큰 소리로 울부짖었다. 그러거나 말거나 담이는 신경도 쓰지 않았다.

"이거 왜 이렇게 안 끼워지냐?"

담이는 그저 신상 팽이를 조립하는 데만 온 신경이 팔려 있었다. 은우가 한심하다는 듯 말했다.

"팽이 좀 그만 **맞춰**. 흑역사 만들 거 아니면 외워. 494949."

"네가 우리 엄마냐? 잔소리할 거면 가."

"아니 수학에 집중하라니까!"

그 순간 문이 확 열렸다. 선생님이었다. 드디어 올 것이 왔다. 아이들은 후다닥 자리에 앉았다. 시험지를 받아든 담이는 평소와 다르게 답이 선명하게 보였다.

'곱셈구구만 잘 외워도 절반은 간다더니, 채은우 말이 진짜네!'

담이는 차근차근 문제를 풀어 나갔다. 이런 적은 처음이었다. 7×7이 들어간 곱셈 문제가 나오자 담이의 머릿속에 섬광이 번쩍 빛났다.

'채은우 이 자식. 날 위한 잔소리였어. 앞으로 선생님으로 모신다, 내가.'

단원평가가 끝나자 은우 주변에 아이들이 모여들었다. 담이도 그 사이를 비집고 들어갔다.

"애들아, 내 시험지로 정답 **맞춰 볼래**? 어려운 문제가 있긴 했는데 풀만 하더라."

담이의 말에 은우는 뿌듯한 미소를 지었다. 하지만 다른 친구들은 일제히 토끼 눈이 되었다.

"허담이 문제를 풀었다고?"

강민이가 담이 옆으로 바짝 다가서며 물었다. 담이는 의기양양한 얼굴로 말했다.

"내가 맨날 뽑기만 하는 줄 아나. 오늘 95점 예상한다."

"나 몰래 과외라도 받았어?"

"우리 채은우 선생님 덕이지. 곱셈은 스피드야. 7×7?"

갑작스러운 질문에 강민이가 벙찐 표정을 지었다.

"이것도 못 **맞히냐**? 949494. 94잖아! 수학의 핵심은 정성이라고."

담이의 당당한 대답에 아이들은 배꼽을 잡고 한바탕 깔깔거렸다. 은우는 땅이 꺼져라 한숨을 쉬었다.

"너네 내 말에 감동 받았냐? 너네도 할 수 있어. 히히."

> **맞추다**는 떨어져 있는 것을 맞대거나, 비교할 때 사용해요. **맞히다**는 돌멩이 같은 것을 던져서 대상에 닿게 하거나, 답이 맞았을 때 사용하죠. 정답을 '맞히다/맞추다' 무엇이 맞는 표현일까요? 여러분이 **맞혀** 볼래요? 정답을 골랐다면 우리 한번 답이 맞았는지 **맞춰** 봅시다.

돼지력 봉인 해제

● 글_김빛나

"오늘 급식 진짜 맛있겠다. 짜장면, 단무지, 바사삭 갈비 치킨. 오, 군만두!"

"치킨 많이 달라고 해야지. 근데 고강민 표정이 왜 그래?"

나경이는 미간을 찌푸리는 강민이를 보며 의아한 듯 물었다.

"나 다이어트하는 거 몰라?"

"참나, 너 어제 먹은 돈가스가 **겉잡아도** 10개는 돼 보이던데."

강민이는 지난번 치즈 스틱을 먹은 후 입이 터졌다. 겨우겨우 누르고 있던 돼지력이 되살아났다. 조금만 옆에서 쑤셔대면 와르르 무너져 **겉잡을** 수 없었다.

"다이어트 잊지 말자! 조금만 먹을 거야."

굳은 다짐이 무색하게도, 강민이는 빠른 속도로 짜장면을 흡입했다. 바사삭 갈비 치킨도 입속으로 순식간에 사라졌다. 그러면서도 걱정은 또 걱정대로 계속이었다.

"진짜 그만 먹어야 되는데, 미치겠다."

한 번 시동걸린 돼지력은 쉽게 멈추지 않았다. 강민이는 손과 입을 바쁘게 움직였다. 그때, 나경이가 군만두를 강민이 식판 위에 턱 올려놨다.

"뭐냐, 치워라. 나 안 먹어. 다이어트 중이라고."

강민이가 인상을 쓰면서 귀찮다는 듯이 말했다.

"똥 씹은 표정 하고 있네. 엄청 잘 먹고 있으면서 너 다이어트는 왜 하냐?"

"살 빼려고 하지. 고도비만 되면 병 엄청 걸려."

"먹고 운동하면 되는 거 아니야? 대세는 건돼야. 건강한 돼지."

"운동하면 나지. 돼지도 나지. 건강한 돼지? 나네? 큭큭큭."

"누가 랩뚱 아니랄까 봐."

"군만두 하나로는 부족하다. 봉인 해제!"

강민이는 나경이가 준 군만두를 입에 가득 물었다. 그리고는 가벼운 발걸음으로 배식대로 향하며 말했다.

"야, 송나경! 이따가 운동장에서 피구 한 판?"

걷잡다는 '걷잡을 수 없는 일'처럼 보통 '없다'와 함께 쓰여요. 돌이킬 수 없다는 뜻이지요. **겉잡다**는 겉으로 봐서, 대강이라는 뜻이에요. 모양은 비슷하지만 둘은 완전 다른 단어랍니다.

에바나의 선택

● 글_손상희

"고강민. 수영 좀 한다?"
"이 몸이 만능 스포츠맨이잖냐. 좀 가르쳐 줘?"
기다리고 기다렸던 수영 수업 날. 친구들은 수다를 떨며 연습하기에 바빴다. 물 바깥의 의자에 앉아 있는 건 에바나뿐이었다.
"에바나, 심심하지?"
그때, 나경이가 헤엄쳐 다가와 물었다.
"같이 하면 좋을 텐데. 왜 못 하는 거야? **창피해서** 그래? 모두 똑같은 거 입으니까 괜찮아!"
"수영복 안 **창피해**. 근데 히잡 안 써? **부끄러워**."
"그럼 어떡해? 계속 같이 수영 못 하는 거야?"
"히잡 수영복 있어. 아직 안 왔어."
"그런 것도 있어?"

"한국 아니고. 다른 나라에서 와."

에바나가 시무룩하게 말했다.

아침에 집을 나서는 순간까지 에바나는 고민했다. 오늘만 친구들처럼 평범한 수영복을 입을까 하고. 신나게 물놀이 하는 친구들을 보며 마음이 더 흔들리기도 했다.

"근데 그게 그렇게 중요해? 그냥 일반 수영복 입고 같이 하자."

나경이가 에바나의 팔목을 잡아 끌며 졸랐다. 에바나는 난감

한 얼굴로 나경이의 손을 풀어냈다. 킥판을 잡고 연습하던 로라가 다가왔다.

"야, 그만해. 스님이 머리를 깎고, 수녀님이 수녀복 입는 거랑 똑같은 거야. 친구의 선택도 존중해야지."

"로라, 고마워. 나경, 나는 히잡 없으면 불편해."

"알겠어. 나도 쏘리. 다음 주에는 꼭 같이하자!"

그렇게 말하고 나경이는 다시 헤엄치기 시작했다. 멀어지는 나경이를 보며 에바나는 묘한 기분이 들었다. 아쉬운 마음이 없었다면 거짓말이다. 하지만 유혹에 넘어가지 않은 자신이 자랑스러웠다.

'빨리 왔으면 좋겠다.'

에바나는 바다를 건너오고 있을 수영복을 생각하며 간절히 기도했다.

'창피하다'와 '부끄럽다'는 수줍음을 느낀다는 점에서 비슷하지만 다른 상황에서 사용해요. **부끄럽다**'는 다른 사람과 상관없이 스스로 느낄 때 감정이에요. '**창피하다**'는 상대방의 시선에 부끄러움을 느낄 때 사용해요.

인생은 한 판 트로트

● 글_정하연

"이게 다 무슨 일이다냐. 세상 오래 살고 볼 일이다."

할머니가 나경이의 손을 꼭 잡았다. 떨림은 쉽게 가시질 않았다.

"여기가 형우 오빠 소속사란 말이지. 할머니, 우리 진짜 성공했다!"

일주일 전, 끝순 여사 덕질 계정으로 DM이 왔다. 임형우의 새 앨범 홍보 겸 콜라보를 하자는 내용이었다. 가사 속 음식을 함께 만드는 영상을 찍는 것이다.

문이 열리고 임형우와 직원들이 들어왔다.

"끝순 애기, 나경 애기! 인스타 너무 재밌게 보고 있어요. 팬이에요!"

나경이는 얼이 빠진 표정으로 눈만 끔뻑였다. 꿈에 그리던 형우 오빠가 눈앞에 서 있다니! 기절할 것 같았다.

할머니는 임형우의 손을 부여잡고 꾸벅 인사했다.

"정말 영광이에요. 난 이제 당장 우리 영감 따라가도 소원이 없어요."

"에이, 나랑 요리도 하고 내 노래도 들어야 하는데?"

임형우는 넉살 좋은 미소를 짓고 목을 가다듬었다. 그리고 맛깔나게 신곡을 부르기 시작했다.

"힘이 쭉 빠질 때는 쭈꾸미를 먹어 봐. 짜증이 날 때는 **짜장면**을 먹어 봐. 마음이 외로울 땐 형우를, 바라 봐아아아."

눈앞에서 듣는 목소리는 그야말로 기가 막혔다. 둘의 황홀해하는 표정을 보며, 임형우가 싱긋 웃었다.

"다음엔 또 어떤 음식을 만들 거예요? 벌써 기대돼요!"

"워매, 형우 씨. 뭣부터 할까요. 말만 하세요옹."

"오늘은 **자장면**부터. 짜장면? 자장면? 뭐든요."

"해물 짜장면, 고추 자장면, 다 오케이입니다. 나경아, 준비됐냐?"

촬영은 순조롭게 끝났다. 나경이와 할머니는 다음 주 주꾸미 볶음 촬영을 약속하고 집으로 돌아왔다. 구름 위를 떠다니는 기분이었다.

그날 밤, 할머니는 할아버지의 사진을 닦으며 나직이 말했다.

"여보, 미안해요. 나는 한 판 제대로 놀다 천천히 가야겠어. 하늘에서 다른 할망구들이랑 데이트해도 봐 줄게."

> 옛날에는 짜장면을 **자장면**으로 부르는 약속이 있었대요. 하지만 사람들이 **짜장면**으로 부르기를 좋아하자, 2011년에 국립국어원에서 짜장면도 표준어로 인정했어요. 지금은 자장면과 짜장면 모두 편하게 사용한답니다.

공포의 진료실

● 글_김빛나

    로라는 몸이 눈사람처럼 녹아내리는 것만 같았다. 아빠가 로라의 이마에 **지그시** 손을 올렸다.
    "불덩이네. 로라 오늘 학교 못 가겠다. 병원 가게 옷 입어."
    로라는 아빠의 손에 이끌려 병원으로 향했다. 병원에는 사람이 많았다.
    "38도네요. 아무래도 독감 검사부터 하는 게 좋겠어요. 저쪽에 앉으세요."
    로라는 자기 또래로 보이는 여자애 옆에 앉았다. 갑자기 진료실 안에서 "아아악" 하는 비명이 났다. 로라가 깜짝 놀라자 옆 아이가 초조한 듯 말했다.
    "야, 저기만 들어가면 전부 울면서 나온다."
    "에이, 애들이나 울겠지. 간호사 선생님이 금방 끝난다고 했어."

진료실 안에서 나이가 **지긋이** 들어 보이는 할아버지가 코를 훌쩍이며 나왔다. 왠지 눈가도 촉촉해 보였다. 비명의 범인이었다.

뒤이어 옆자리 아이가 일어났다. 진료실로 들어가는 뒷모습이 지옥에 끌려가는 것 같았다. 안에서 어김없이 고통스러운 신음이 났다.

"우리 딸, 걱정돼? **지긋이** 앉아서 잘 기다리네."

아빠는 웃으며 말했다. 하지만 로라는 차례가 돌아올수록 숨막히는 긴장감에 대답조차 할 수 없었다.

"오로라 들어오세요."

진료실에는 초록색 두건을 두른 의사 선생님이 기다리고 있었다. 젓가락의 두 배는 되어 보이는 긴 쇠막대기를 들고.

"이 막대기를 코에 넣을 겁니다. 고개를 살짝 들어요. 조금 불편해요."

"이, 이걸 코에다가요?"

막대기가 형광등 불빛에 반사되어 반짝 빛났다. 마치 날렵한 검 같았다. 로라는 체념한 듯 눈을 **지그시** 감고 한숨을 내쉬었다. 작은 콧구멍 속에 차가운 쇠막대가 깊숙이 들어왔다.

"으으윽. 아아악. 으 후허억."

막대기는 로라의 콧속을 사방으로 쑤시더니 금세 쑥 빠져나갔다. 메스껍긴 했지만 아프지 않았다.

로라는 코를 훌쩍거리며 진료실을 나왔다. 입꼬리가 괜히 씰룩거렸다.

"별 거 아니네."

'지그시'와 '지긋이'. 발음은 비슷하지만 쓰임이 달라요. **지그시**는 슬며시 힘을 주는 모양이나 조용히 참고 견디는 모양을 말해요. '지그시 밟다.', '입술을 지그시 깨물다.'로 쓰이죠. 한편 **지긋이**는 '나이가 많아 듬직하게, 참을성 있게 끈지게'라는 뜻을 가졌답니다. '나이가 지긋하다.', '지긋이 기다리다.'를 예로 들 수 있어요.

눈치코치 탕수육

● 글_정하연

평화로운 급식 시간이었다. 나경이가 젓가락을 들고 에바나에게 다가갔다.

"에바나는 탕수육 안 먹지?"

"응, 돼지고기 안 먹어."

그때 언제 나타났는지 강민이가 불쑥 끼어들었다.

"그럼 에바나 탕수육 내 꺼!"

강민이는 나경이가 가져가려던 탕수육을 한꺼번에 왕창 집더니 얌체같이 입안에 쑤셔 넣었다.

"왜 니가 다 먹어?"

잔뜩 약이 오른 나경이가 소리쳤다. 놀란 은우가 얼른 선생님 쪽을 보았다. 아뿔싸, 선생님이 보고 있었다!

"야, 조용히 좀 해."

은우가 선생님 쪽을 눈짓하며 속삭였다. 하지만 둘은 말다툼을 쉽게 그치지 않았다. 탕수육과 함께 눈치도 집어삼킨 모양이었다.
　"맨날 그렇게 먹으니 살이 찌지, 뚱땡아!"
　"들었냐? 우리 반 대표 뚱땡이**로서** 말한다. 앞으로 에바나 고기반찬은 다 이 고뚱 님의 것!"
　능청스러운 강민이의 말에 다른 아이들까지 웃음이 터졌다. 선생님의 눈빛이 더욱 매서워졌다. 은우는 속이 탔다.
　"조용히 하라니까!"
　아무리 신호를 보내도 소용없었다. 한 걸음 한 걸음 선생님이 다가왔다. 은우는 당장 저 둘의 입을 틀어막고 싶었다.
　"뒤에 쌤 온다고!"
　마침내 선생님이 나경이와 강민이의 등 뒤에 섰다. 다른 아이들은 얼른 식판으로 고개를 돌렸다. 눈치 없이 떠드는 건 나경이와 강민이뿐이었다.
　"돼지가 돼지를 먹네."
　"타격 1도 없고요. 운동으**로써** 살을 빼야지, 쫄쫄 굶으면서 빼면 뭔 재미? 나 고강민, 비실비실 멸치로 살 바엔 건강한 돼지로 산다!"
　선생님은 가만히 서 있었다. 아무것도 하지 않는데도 장승처럼 으스스했다. 선생님과 눈이 마주친 은우는 침을 꼴깍 삼켰다.

'조용히 못 시켰다고 혼내실까? 에휴, 반장도 못 해 먹겠네.'

하지만 선생님은 네 맘 다 안다는 듯이 고개를 저었다. 은우는 안심했다. 바로 다음 순간, 선생님은 고개를 숙여 나경이와 강민이의 정수리에다 눈빛 레이저를 쐈다. 스산한 기색에 둘은 서서히 고개를 들었다.

"으악!"

> 사람, 자격 뒤에는 ~**로서**를 붙이고, 도구나 방법 뒤에는 ~**로써**를 붙여요. 꿀팁 하나! '로써'가 들어갈 자리에 '~을 사용해서'라는 말을 넣어도 어색하지 않답니다. '좋은 재료로써 음식을 만드는 게 요리사로서 할 일이다.' 이 문장의 앞 구절을 '좋은 재료를 사용해서'로 바꾸어도 괜찮겠죠?

팔팔 호떡

●글_이봉금

"내가 슬플 때마다 호떡집이 찾아와. 세상이 둥근 것처럼 호떡이 둥글어."

개사한 노래를 흥얼거리며 강민이는 침을 꿀꺽 삼켰다.

"우쭈쭈, 고뚱이 기다렸어요?"

담이는 강민이의 가방을 잡아끌며 호떡집으로 향했다.

아저씨가 널따란 판 위에 막 빚은 반죽 덩이를 올렸다. 뜨거운 기름 위로 미끄러지며 호떡이 팔팔 익어 갔다. 〈팔팔 호떡〉이라는 간판에 어울리는 모습이었다. 고소한 냄새가 진동했다. 담이가 코를 발름거리며 주문했다.

"아저씨, 호떡 두 개 주세요."

"치사하게 정해 놓고 먹냐? 일단 먹고 계산은 나중에 해."

강민이는 담이의 어깨를 툭 치며 자기 배를 쓰다듬었다.

아저씨가 호떡을 빙글빙글 돌렸다. 호떡은 노릇노릇 먹음직스럽게 익어 갔다. 아래를 슬쩍 들어 뒤집었다. 누르개로 꾸욱 누르자, 지글지글 소리가 났다.

담이가 호떡을 종이컵에 담기도 전에 강민이는 호떡을 종이에 싸서 한 입 베어 물었다. 호떡 틈으로 팔팔 김이 나는 꿀물이 줄줄 흘렀다.

"앗, 뜨거워! 나 종이컵, 아니 휴지 좀."

"고뚱, 먹을 때 정신 좀 차리지? 이거 받고 나 그만 **시켜**."

담이는 휴지로 강민이 손등을 슥슥 닦았다. 그리고 강민이의 호떡을 빼앗아 종이컵에 담아 주었다.

"이렇게 넣어서 **식혀** 먹어야지. 인간은 도구를 써야 하는 거야."

"네네, 형님. 말씀 그만하시고 따땃할 때 드시지요."

적당히 식은 호떡은 달짝지근한 꿀맛이었다.

"아저씨, 하나씩 더요."

담이는 방금 나온 호떡을 호호 불어 **식혔다**.

"허담 형님, 꿀 떨어집니다요."

담이는 손가락으로 꿀을 쓱 닦아 입으로 쪼옥 빨았다.

"그래, 이 맛이야."

꼬맹이들의 너스레에 아저씨가 큰 소리로 웃었다.

"녀석들도 참, 하하하."

'식혀'와 '시켜'는 소리가 같아요. 하지만 **식혀**는 뜨거운 음식을 호호 불어서 뜨겁지 않게 하는 것을 말해요. 그리고 **시켜**는 심부름 같은 것을 부탁할 때 쓰는 말이랍니다. '식히다'와 '시키다'의 의미를 구분하며 사용해요.

왕 피구

● 글_이봉금

"오늘은 왕 피구예요. 왕을 마지막까지 지키는 팀이 최종 우승! 그럼 왕부터 뽑아 볼까요?"

선생님 말을 듣고, 강민이는 상대인 은우 팀부터 살폈다. 은우 팀은 예상대로 몸집이 작은 로라를 왕으로 뽑았다.

'로라**만큼** 작은 애가 누가 있지?'

강민이는 고민하며 같은 팀을 쓱 훑었다. 에바나가 제격이었다. 강민이 팀은 에바나를 왕으로 정했다.

휘리릭 호루라기 소리와 함께 경기가 시작되었다. 은우는 옷소매를 걷어 올리고 공을 던졌다. 핑그르르 툭, 생각보다 힘이 약했다. 강민이가 공을 주워들었다.

"채은우, 뭔 일이냐? 그렇다면 형님 공 받아라!"

슝슝슝. 은우와 강민이 사이를 오가던 공에 담이가 맞았다. 은우는 가슴을 쓸어내리며 웃었다.

밖으로 나간 담이가 주접 중계를 시작했다.

"자, 고강민 선수. 슬슬 파워를 올릴 때가 됐죠?"

"풀떼기 파워 받고, 칼날 슛 들어간다!"

은우는 강민이의 공을 아슬아슬하게 받아냈다. 한동안 비실비실했는데, 다시 먹어서인지 강민이는 전보다 힘이 세진 것 같았다.

강민이의 칼날 슛에 놀란 은우는 등 뒤에 있는 로라도 잊은 채 날쌔게 공격했다. 강민이는 얌체처럼 잘도 피했다. 포동한 배로 공도 척척 받아냈다.

"뭐야? 큰소리친 **만큼** 쎈 줄 알았는데? 최강 뱃살 수비!"

아이들은 강민이의 운동 신경에 놀랐다. 여기저기 탄성이 뿜어 나왔다.

"나**만큼** 은우 공 잘 잡는 사람 있으면 나와 봐!"

"고뚱과 에바나나, 오로라와 채은우냐? 흥미진진합니다."

강민이는 패스로 기회를 노렸다. 마침내 공격 찬스! 배에 힘을 주고 로라를 향해 불꽃 슛을 날렸다.

꽈당. 로라가 공에 맞아 넘어졌다.

"고강민 나이스!"

"고뚱 피구 교실에 가입할 사람?"

강민이는 배를 통통 치며 손을 흔들었다.

> **만큼**은 사람 다음에 쓸 때는 '로라만큼, 나만큼'처럼 붙여서 써요. 하지만 꾸며 주는 말과 함께 쓸 때는 '소리친 만큼, 베푸는 만큼'처럼 띄어서 써요. 의미는 비슷하지만, 앞에 쓴 말에 따라 띄어쓰기가 달라요.

사고, 버리고, 찾고

●글_윤우주

"청소합시다. 오늘은 대청소예요. 주변이 깨끗해야 마음도 환해지죠."

봉달희 선생님의 말에 담이는 인상을 찌푸렸다. 정리와 거리가 먼 담이라 대청소는 귀찮았다.

'어제도 교실 청소했는데.'

담이는 입을 삐죽 내밀었다.

"허담 책상 좀 볼까? 완전 보물창고일 듯."

강민이가 콧노래를 흥얼거리며 담이의 책상 속을 살폈다.

"이거 어디서 많이 본 물건인데?"

강민이가 책상 속에서 꺼낸 물건은 담이의 말랑이 만두였다.

"필요하면 너 가져."

담이는 관심 없다는 듯 대꾸했다.

"이거 뭐야?"

등 뒤에서 에바나의 목소리가 들렸다. 에바나가 서랍장을 닦다가 발견한 것은 무지개 팽이였다.

"오예, 그거 내가 가질래."

나경이가 쏜살같이 달려가서 무지개 팽이를 낚아챘다.

"송나경, 그거 담이가 **며칠** 전에 잃어버린 거야."

강민이의 말에 나경이가 무지개 팽이를 담이에게 내밀었다. 담이는 고개를 가로저었다.

"너 가져. 난 질렸어."

"담아, 이거 네 거 아냐?"

이번엔 은우가 담이를 불렀다. 사물함 아래를 빗자루로 쓸다가 포켓몬 지우개를 찾아낸 거다. 담이는 한숨을 쉬었다.

청소가 끝나고 나자, 담이의 책상 위에는 아이들이 찾아온 물건들로 한가득이었다.

"가져가기 귀찮은데, 그냥 버릴래."

담이가 물건을 쓰레기통에 버리려고 집어드는 순간, 로라가 달려왔다. 로라는 담이를 밀쳐내고 책상 옆에 걸린 쇼핑백에 물건을 담았다.

"사고, 버리고, 찾고. 맨날 이게 뭐냐?"

로라가 빵빵해진 쇼핑백을 담이에게 건넸다. 담이는 여전히 시큰둥했다. 모두가 떠난 빈 교실, 담이의 물건이 담긴 쇼핑백은 덩그러니 교실에 남겨졌다.

> 여러 날을 말할 때 **며칠**이라고 해요. '몇 년, 몇 월'이라는 말이 있어서 '몇 일'이 아닐까 고민되지만, 반드시 '며칠'로 써야 맞아요.

트로트도 공부가 필요해

●글_이봉금

　찌익. 학생회장이 투명 테이프를 길게 뜯어 학교 축제 포스터를 벽에 **붙였다**.
　"쇼 미 더 뮤직."
　나경이는 포스터 옆에 놓인 대회 참가신청서를 집어들었다.
　"너도 하게? 이거 동네 노래자랑 아니다."
　나경이를 툭 치며 강민이가 알짱거렸다.
　"A-yo 나경, 여기서 한 판 **붙어**."
　난데없는 강민이의 도전장에 나경이는 황당했다. 강민이가 까불거리며 흥얼거렸다.
　"까만 리무진 꿈을 키웠지, 트로트에 꿈을 키웠나?"
　"너 까불면 확! 목젖 한 번 떨게 해 줄까?"
　"꿀려? 힘에 **부치면** 포기해, 배추 한 포기."

나경이는 강민이의 도발에 짜증이 났다.

'형우 오빠 노래 맛도 모르면서.'

집에 돌아온 나경이는 형우 오빠 영상을 눈이 빠지게 봤다. 트로트로 강민이의 콧대를 힘껏 눌러 주고 싶었다.

나경이는 목을 가다듬고 구수하게 한 소절 뽑았다.

"얄밉게 떠난 님아, 내 청춘 내 순정을. 아니야, 다시."

트로트는 진정성이 중요한데, 생각처럼 쉽지 않았다.

'형우 오빠가 말했잖아. 가사를 마음으로 느껴야지. 큼큼.'

배신자여, 배신자여, 사랑의 배신자여~.

맛깔나게 부르고 싶은데, 꺾는 부분에서 음이 이탈됐다. 가사도 무슨 말인지 영 감이 안 왔다. 나경이가 할머니에게 물었다.
"할머니, 사랑의 배신자가 뭐야?"
"아이고, 네 나이에 뭘 알긋냐?"
"가사 뜻을 알아야 노래를 제대로 부르지. 가르쳐 줘."
"나 좋다고 따라다녀 놓고 윗집 순자한테 꽃 따다 준 그 인간이 배신자여."
"진짜? 그래서 싸웠어?"
"열불나겠지? 그 느낌 살려서 연습해."
할머니는 헛기침을 하며 안방으로 들어갔다.

> **붙이다**는 포스터를 벽에 붙일 때, 스티커를 붙일 때 쓰는 말이에요. **붙다**는 실력을 알아보기 위해 한 판 '붙다'처럼 사용해요. **부치다**는 힘이 모자라거나 편지나 택배를 멀리 보낼 때 사용하는 말이에요. 딱풀로 붙이는 건지, 멀리 부치는 건지 구분해서 사용해요.

기부왕 허담

● 글_윤우주

"바자회 물건 챙겨서 강당으로 갑시다."

선생님의 말에 담이는 화들짝 놀랐다.

"깜빡했다. 물건 팔아서 지진 난 나라 도와준댔는데 어쩌지?"

그 순간 담이 무릎에 뭔가가 걸렸다. 로라가 책상 옆에 매달아 둔 쇼핑백이었다.

'아! 전에 로라가 담아 줬지.'

담이는 쇼핑백을 얼른 챙겨서 강당으로 향했다.

강당은 이미 물건을 사고 파는 아이들로 북적이고 있었다. 담이는 4학년 부스로 가서 돗자리 위에 쇼핑백을 부었다.

"이건 크기가 너무 **작잖아**."

담이는 조그마한 지우개를 보고 아쉬워했다.

"아까는 없다더니 언제 이렇게 좋은 걸 가져왔냐?"

강민이가 돗자리 위를 살피며 물었다.
"팔릴 만한 게 **적어서** 어떡하지?"
담이는 한숨을 푹 내쉬었다.
"괜찮아, 친구. 이게 인기 있을지 누가 알겠어?"
담이는 다른 부스를 둘러봤다. 담이가 갖고 싶어 했던 축구공,

게임기, 옷, 간식이 눈길을 끌었다.

'누가 내 걸 사가기나 할까?'

담이는 괜히 주눅이 들었다.

"형! 이거 뭐야?"

그때 1학년 동생이 다가와 관심을 보였다.

"우와! 이거 말랑이 만두잖아. 귀여워."

"포켓몬 지우개네. 나 이거 살래."

순식간에 동생들이 담이의 주위로 몰려들었다. 담이는 정신 없이 물건을 팔았다. 물건은 금방 동이 났다. 옆에서 지켜보던 강민이가 감탄했다.

"허담, 완전 기부왕이네."

담이의 어깨가 으쓱했다.

'작다'와 '적다'는 뜻과 모양이 비슷해 잘못 사용하기 쉽답니다. **작다**는 크기나 부피 등이 비교 대상보다 덜할 때 써요. "바지가 작아."처럼요. **적다**는 양이나 개수가 생각보다 부족할 때 써요. "난 딱지가 적어."처럼요.

기발한 처방전

● 글_이봉금

　은우는 학교 축제에서 〈또래 상담소〉 부스를 맡았다.
　"어서 오세요. 또래 상담소입니다."
　첫 번째 손님은 담이었다. 담이는 고개를 좌우로 까딱거리며 의자에 앉았다.
　"무슨 고민이 있어요?"
　은우의 말에 담이는 낄낄낄 웃었다. 상담 선생님 흉내를 내는 은우 모습에 손가락이 오글거렸다.
　"저는 구구단 7단은 이제 됐는데, 8단이 어려워요."
　"될 때까지 외워. 뽑기 그만하고."
　"뭐라고? 그게 방법이야?"
　담이는 버럭 화를 냈다.
　"워워. 그게 아니라, 여기 처방전을 뽑아요."

"뽑기? 신박한데. 취향저격."
담이는 박스를 잘 흔들고 처방전을 뽑았다.

지금의 수고가 인생의 **거름**이 된다.

"**거름**? 똥? 으악!"
담이는 손사래를 치며 자리에서 일어났다.
은우는 테이블과 의자를 나란히 정리했다. 누가 올지 빼꼼 내

다봤다. 쿠키 체험을 마치고 로라가 오고 있었다.

"어떤 고민이든지 다 들어 드립니다."

은우는 로라의 고민이 궁금했지만, 최대한 차분히 물었다.

"고민까지는 아니고, 저는 다른 애들처럼 좋아하는 연예인이 없어요."

"그런 게 고민이라고?"

"다 들어 준다며? 무슨 상담소가 이래? 순 엉터리네."

은우는 여기가 상담소라는 것을 깜박했다.

"장난, 장난. 여기 기발한 처방전에서 하나 뽑아요."

먼 **걸음** 말고, 한두 **걸음**에서 찾아라.

갸웃거리는 로라를 보며 은우가 넌지시 말했다.

"차은우 말고, 채은우 어때?"

"차은우가 누군데? 사촌이야?"

로라는 처방전을 잘 접어 주머니에 넣었다.

은우는 씽긋 웃었다.

'걸음'과 '거름'은 [거름]으로 소리가 같아요. 하지만 **걸음**은 두 발을 옮겨가며 걷는 모습을 말해요. 한두 '걸음', 먼 '걸음'처럼 사용해요. **거름**은 논밭에 뿌리면 고약한 냄새가 나지만, 땅에 영양분을 줘서 식물이 잘 자라게 하지요.

이 맛은 찐이야

● 글_정하연

'다 아이돌 노래네. 트로트는 나밖에 없어.'

나경이는 입술을 잘근거렸다. 대회 포스터를 본 순간부터 하루도 거르지 않고 준비한 공연이었다. 나경이는 떨리는 손으로 마이크를 쥐었다.

그때, 모자를 비뚤게 쓴 강민이가 다가왔다.

"Yo, 송나경. 가사 달달 외우지만, 이가 달달 떨리지. 나는 달려가 널 밀치고 1등으로. Yeah."

깐죽대며 랩을 하는 꼴이 벌써 1등이라도 한 기세였다. 힙합을 준비했다더니, 잔뜩 꾸민 모습이 학교 축제가 아니라 방송에 나갈 수준이었다.

"쫄리는 건 너겠지."

나경이가 쏘아붙였다. 강민이는 여유롭게 선글라스를 밀어 올렸다.

"너 **아홉 번**째 순서지? 내가 너 다음이거든."

"말 걸지 마. 가사 까먹어."

"그냥 틀려. 어차피 내 공연 보고 나면 너 노래 다 까먹을걸? 하하하!"

드럼통 같은 배에서 울리는 웃음소리가 옹골찼다. 강민이의 짱짱한 목청만큼은 나경이도 인정했다. 슬쩍 밀리는 기분이었다.

'왜 이렇게 떨리냐! 진정하자. 형우 오빠, 힘을 주세요!'

나경이는 힘차게 걸어가 무대에 올랐다. 조명이 눈부셔 객석이 온통 까맣게 보였다. 나경이는 떨리는 목소리로 노래를 시작했다. 형우 오빠를 생각하며 한 소절 한 소절 진심을 담았다.

'트로트엔 마음을 울리는 힘이 있어. 그건 나이랑 상관없는 거야.'

어두웠던 객석의 눈동자가 서서히 보이기 시작했다.

"송나경, 잘한다!"

친구들이 풍선을 들고 나경이의 이름을 외치고 있었다. 할머니도 웃으며 핸드폰으로 무대를 찍고 있었다. 힘을 주는 건 형우 오빠만이 아니었다. 나경이는 울컥 차오르는 걸 참고 마지막 소절까지 불렀다.

무대 뒤편으로 내려오자 기다렸다는 듯 강민이가 다가왔다.

"**열 살** 바이브가 아니다. 최소 **오십 살**. 트로트 맛도 꽤 괜찮

은데?"

"진국이지? 이런 걸 찐맛이라고 하는 거야."

나경이는 웃으며 마이크를 넘겼다.

> 수를 나타내는 말과 단위를 나타내는 말 사이는 띄어 써요. '다섯 살 때는 꽃 **한 송이**, 풀 **한 포기**가 신기해 보였다.', '**첫 번째**로 좋아하는 동물은 고양이. **두 번째**는 여우.'처럼요.

뜨끔 따끔

●글_윤우주

　수업을 **마치고** 로라, 서연, 은우가 교실에 남았다. 캠페인 피켓을 만들기 위해서였다.
　"독도가 우리 땅인 걸 알리려면 어떤 문장이 좋을까?"
　로라가 둘을 바라보며 물었다.
　"내가 퀴즈를 낼게. 독도가 최초로 실린 역사책은?"
　은우가 묻자 서연이가 짜증을 냈다.
　"그걸 어떻게 **맞혀**? 너나 알지."
　"너무 어려웠나. 세종실록지리지, 몰라?"
　은우가 역사 지식을 잔뜩 뽐냈다. 서연이는 대충 고개를 끄덕이고, 로라에게 물었다.
　"로라야, 이 문장은 어때? 독도는 한국 땅임을 역사가 증명한다."

"좋은데! 이걸로 가자."

서연이의 아이디어에 로라가 맞장구를 쳤다. 은우가 서연이에게 펜을 건넸다.

"네가 쓸래? 너 글씨가 예쁘잖아."

서연이는 입술을 약간 오므리며 펜을 받았다. 손으로 몇 번씩 펜을 굴리더니 글씨를 쓰기 시작했다. 그런데 이상했다. 글자를 한 자씩 쓸 때마다 멈칫거렸다.

"왜 그래?"

로라가 물었다. 서연이는 입술을 오물거리며 말했다.

"또 틀리면 어떡해. 전에 포스터 때 완전 속상했어."

그 말에 로라는 뜨끔했다.

"진짜 누굴까? 아직도 짜증 나!"

서연이는 양 주먹을 꽉 쥐었다. 로라는 불안한 듯 서연이의 시선을 피했다.

"오로라, 뭔가 수상한데. 혹시 넌 아니지?"

서연이가 슬쩍 로라를 바라보았다.

로라는 가시방석에 앉은 것처럼 마음이 따끔거렸다. 로라는 그 순간, 은우와 눈이 마주쳤다. 은우도 놀란 눈치였다.

"농담, 농담! 하여간 걸리기만 해봐."

서연이가 웃으며 말하자 로라도 어색하게 따라 웃었다.

'마치다'와 '맞히다'는 발음이 비슷해 헷갈릴 수 있어요. **마치다**는 어떤 일을 완전히 끝냈을 때 써요. "숙제를 마치다"처럼요. **맞히다**는 목표에 적중하거나 답을 맞게 한 경우 써요. "문제 낼 테니 맞혀 봐."처럼요.

솔직한 고백

● 글_정하연

'나인 줄 알고 있나? 아무래도 나를 떠본 거 같은데. 절교하자고 하면 어쩌지?'

서연이와 집에 가는 길에 로라는 용기를 내 입을 열었다.

"있잖아, 서연아."

하지만 눈을 마주치자마자 혀가 오므라들고 말았다. 로라는 어색하게 분식집을 가리켰다.

"뭐, 뭣 좀 먹을래? 나 오늘 **용돈이 만 원**이나, 컥 켁켁."

사레에 들려 기침하는 로라를 보며 서연이가 한숨을 쉬었다.

"말해 봐. 너 아까부터 완전 이상해. 할 말이 뭔데 그래?"

로라는 침을 꼴깍 삼켰다. 그리고 머뭇거리며 말했다.

"그게……. 너 포스터에 낙서한 거 나야. 정말 미안해, 서연아."

"뭐?"

서연이는 황당하다는 듯 눈썹을 추켜올렸다.
"어떻게 그럴 수 있어? 내가 얼마나 열심히 그렸는데!"
서연이의 눈에 배신감이 일렁였다. 로라는 덜덜 떨리는 목소리로 말했다.
"정말 미안해. 네가 얼마나 그림을 좋아하는지 잘 알아. 네가 싫어서 그런 건 절대 아니야. 맞춤법 틀린 걸 보니까 나도 모르게 그만."

"너는 친구 마음보다 그게 더 중요해?"

서연이가 어처구니없다는 듯 쏘아붙였다. 로라는 더 목소리가 작아졌다.

"아니……. 네가 더 중요하지."

"하, 됐어. 떡볶이나 사. **용돈 이만 원**이나 있다며."

"으응. 근데 이만 원 아니고 만 원……. 용돈이 띄고 만 원."

"야! 넌 이 상황에 그러고 싶냐? 이씨, 김말이도 사!"

떡볶이를 사이에 두고 어색한 공기가 흘렀다. 솔직한 고백이 시원한 용서를 불러오는 건 아니었다. 로라는 이쑤시개로 떡볶이를 찍어 서연이에게 먼저 건넸다.

"이거 먹고 인생네컷 찍으러 갈래?"

서연이는 로라를 흘깃 보며 이쑤시개를 받았다. 그리고 떡볶이를 입에 쏙 집어넣었다.

"봐서."

시큰둥하게 말하는 서연이의 입꼬리가 슬며시 올라갔다.

> 용돈을 불리는 마법, 띄어쓰기! 띄어쓰기에 따라 '**용돈이 만 원**'이었다가 '**용돈 이만 원**'이 되지요. 이렇듯 의미가 순식간에 변신할 수 있으니, 문장을 쓸 때는 띄어쓰기를 알맞게 했는지 꼼꼼히 살펴보세요.

어쩌면 해피엔딩

● 글_정하연

　마지막 국어 수업은 고마웠던 친구에게 편지를 쓰는 시간이었다. 은우는 '로라에게'라는 네 글자를 쓰고 연필을 멈췄다.
　'뭐라고 쓰지. 그동안 고마웠어? 사실 내가 좋아해?'
　어떤 서술형 문제보다도 어려웠다. 은우는 한숨을 깊게 내쉬었다. 강민이가 뒤돌아보았다.
　"어이, 친구. 뭐가 그리 어려운가."
　은우는 얼른 편지지를 감추었다. 강민이가 알 만하다는 듯 픽 웃었다.
　"은우야, 내가 물어볼 게 있는데. '짝사랑'은 어떻게 쓰냐? 짝 띄고 사랑이야, 짝 붙여서 사랑이야?"
　"너 진짜!"
　은우가 버럭 성을 내자, 강민이는 왜 그러냐는 듯 눈을 동그랗게 떴다.

"내가 어떤 애를 좋아해서 **걔한테** 편지 쓰려고 물어본 건데 왜 그래? 꼭 찔린 것처럼."

"**그 애**가 누군데?"

강민이는 "글쎄?" 하며 천연덕스럽게 굴었다. 은우가 이를 갈며 말했다.

"짝 띄고 사랑."

그때, 옆자리의 로라가 고개를 들고 은우에게 말했다.

"아니야, 짝사랑은 붙여서 써. 풋사과나 햇밤처럼."

"그래? 내가 잘못 알았네."

"오로라 나이스! 아이쿠, 하마터면 짝을 사랑할 뻔했네. 하하하!"

강민이는 로라 쪽을 눈짓하며 몸을 돌렸다. 그 눈빛이 꼭 '너의 짝사랑은 쟤!'라고 말하는 것 같아 은우는 얼굴을 붉혔다. 다시 연필을 쥐려는데 로라가 말을 걸어왔다.

"너 좀 변했다? 예전 같으면 끝까지 억지 부렸을 텐데."

"그런가?"

"더 좋아 보인다고."

로라는 그렇게 말하곤 고개를 돌렸다. 은우는 여전히 네 글자뿐인 자신의 편지지를 내려다보았다. 좋아 보인다는 로라의 말이 글자를 따라 맴돌았다.

'내년에도 같은 반 되면 좋겠다.'

은우는 미소를 지으며 연필을 들었다.

그 애를 줄이면 **걔**, **저 애**를 줄이면 **쟤**. 그럼 **이 애**를 줄이면? 맞아요, **얘**가 됩니다. 친구들을 부를 때는 **이 아이들아**를 줄여서 **얘들아**라고 하는 게 일반적이랍니다. "얘들아, 있는 그대로 반짝이는 너희를 응원해!"

깜장 봉다리

●글_이봉금

봉달희 한글교실 마지막 날이다. 에바나는 선생님께 특별한 선물을 하고 싶었다.
"선생님 뭐 사 줄까요?"
"에바나, 요술램프라도 있어? 마음만 받을게."
선생님은 대답도 제대로 안 해 줬다. 에바나는 **답답했다**. 한참을 고민하다가 편지지를 꺼냈다. 요술램프는 없지만, 편지는 쓸 수 있으니까.

사랑하는 봉다리 선생님께
1년 동안 한글 가르쳐 줘서 고마워요.

곁에서 보던 안야가 글자를 가리키며 물었다.

"언니, 이거 뭐야? 읽어 줘."
"봉, 다, 리. 우리 선생님 이름이야."
읽어 주고 보니 어딘지 모르게 어색했다.
"그럼, 저거. 선생님이야?"
안야가 주방에 걸린 검정 비닐 봉투를 가리켰다.
아뿔싸, 에바나는 알림장 여기저기를 살폈다. 알림장에는 선생님 이름이 적힌 도장이 찍혀 있었다.
"하하하, 봉다리가 아니라 봉달희네."

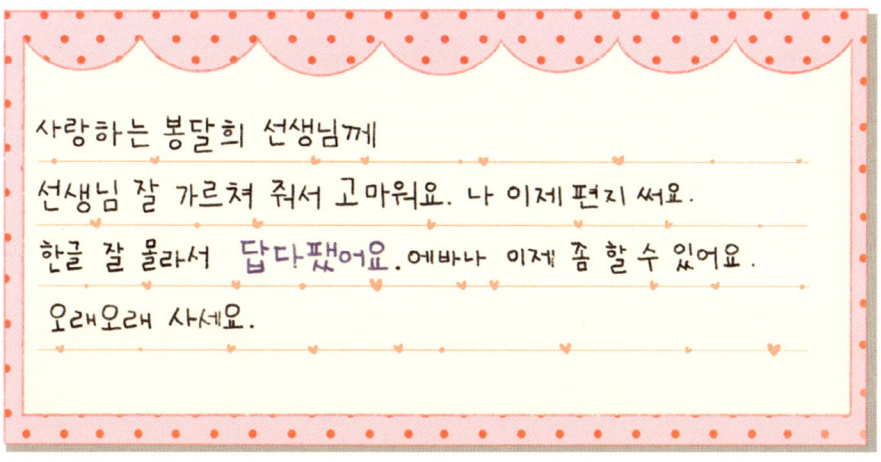

사랑하는 봉달희 선생님께
선생님 잘 가르쳐 줘서 고마워요. 나 이제 편지 써요.
한글 잘 몰라서 답다팼어요. 에바나 이제 좀 할수 있어요.
오래오래 사세요.

에바나는 편지를 잘 접어서 봉투에 넣었다. 봉투 안에 에바나가 만든 소원 쿠폰도 함께 넣었다.

종업식 날, 에바나는 선생님 책상에 편지를 놓아 두었다.

교실에 들어온 선생님은 편지를 들었다.

"누가 쓴 거지?"

봉투를 열자마자, 에바나 글씨가 눈에 들어왔다. 선생님은 터져 나오는 웃음을 손으로 막았다.

에바나는 선생님과 눈이 마주치자 손하트를 날렸다.

"오래오래 살아야겠네."

선생님이 작게 중얼거렸다.

답답하다는 일이 속 시원히 풀리지 않아서 가슴이 꽉 막힌 것 같을 때 쓰는 말이에요. [답다팼어요]나 [답다팔 때]는 소리 나는 대로 쓴 거예요. 한글은 소리 나는 것과 글자로 쓸 때가 다른 경우가 많아요. '답답했어요'와 '답답할 때'라고 쓰도록 해요.

봉다리 교실 한글 맞춤법 ⑤ 국어사전 활용법

글_이봉금

첫 자음자 순서	ㄱ ㄲ ㄴ ㄷ ㄸ ㄹ ㅁ ㅂ ㅃ ㅅ ㅆ ㅇ ㅈ ㅉ ㅊ ㅋ ㅌ ㅍ ㅎ
모음자 순서	ㅏ ㅐ ㅑ ㅒ ㅓ ㅔ ㅕ ㅖ ㅗ ㅘ ㅙ ㅚ ㅛ ㅜ ㅝ ㅞ ㅟ ㅠ ㅡ ㅢ ㅣ
받침자 순서	ㄱ ㄲ ㄳ ㄴ ㄵ ㄶ ㄷ ㄹ ㄺ ㄻ ㄼ ㄽ ㄾ ㄿ ㅀ ㅁ ㅂ ㅄ ㅅ ㅆ ㅇ ㅈ ㅊ ㅋ ㅌ ㅍ ㅎ

봉다리 교실 한글 맞춤법 ⑥ 세계 속의 한글

글_윤우주

매년 9월 8일은 세계 문해의 날이에요. 유네스코는 이 날 〈유네스코 세종대왕 문해상〉을 수여합니다. 글을 읽지도 쓰지도 못하는 이들이 문자를 깨우치도록 돕는 등 문해율을 높인 사람들에게 주는 상이지요. 전 세계에 수여되는 상에 우리 세종대왕의 이름이 붙는다니, 참 멋진 일이지요?

세종대왕은 외국에서도 가장 추앙받는 인물 중 한 분입니다. 바로 한글을 발명했기 때문이지요. 세계 어느 나라에서도 한글처럼 한 개인이 발명해낸 문자는 없습니다. 영어의 알파벳은 물론이고 한자, 아랍문자 등 세계의 모든 문자는 상형문자, 설형문자 등에서 시작해 여러 세기를 거치면서 만들어진 것입니다. 그래서 누가 왜 만들었는지, 어떻게 생겨난 문자인지 알기 어렵지요. 하지만 한글은 조선시대 세종 25년(1443년) 완성되었고, 세종 28년(1446년)에 반포되었다는 기록을 갖고 있습니다. 그래서 세종대왕을 천재 언어학자이자 발명가, 과학자로 세계인들이 추앙하는 겁니다.

세종대왕 어진. 본래 어진은 6·25 때 화재로 소실되었고, 김기창 화가가 새로 그린 것이 1973년 표준영정으로 등록되었다.

세종대왕은 한글을 만들고 나서 어떻게, 왜 만들었는지를 분명하게 기록으로 남겨 두었습니다. 바로 『훈민정음 해례본』과 『훈민정음 언해본』이 그것이지요. 세종대왕은 한글을 '훈민정음'이라 했는데 '백성을 가르치는 올바른 소리'라는 뜻이에요. 이 새로운 문자에 대한 해설을 한자로 기록한 것이 '해례본'이고 한글 위주로 설명한 것이 '언해본'입니다. 『훈민정음 해례본』은 국보 제70호로 지정되어 있고, 1997년 10월 유네스코 세계 기록유산으로 등록되었습니다.

한글은 정말 대단한 문자입니다. 가장 큰 장점은, 배우기 쉽다는 점이에요. 자음 14개와 모음 10개만 알면 되지요. 또, 하나의 문자가 하나의 소리만 납니다. 영어

『훈민정음 해례본』

알파벳은 모음 하나에도 발음이 다양해서 헷갈리는데, 한글은 그렇지 않습니다. 24개의 문자로 이 세상의 다양한 소리를 모두 표현할 수 있으니 얼마나 편리한가요?

그래서 세계적인 석학이자, 베스트셀러인 『총균쇠』의 저자이고, 문화인류학자인 제래드 다이아몬드는 이렇게 말했다고 합니다.
"세계의 문자를 하나로 통일해야 한다면 당연히 한글이 되어야 할 것이다."
정말 대단하지 않나요?

우리에게 한글이 더욱 소중한 까닭은 그 안에 담긴 마음 때문입니다. 한글에는 문자

를 몰라 억울한 일을 당하는 백성들을 돕고자 했던 세종대왕의 사랑이 담겨 있습니다. 그리고 일제강점기, 우리말과 정신을 짓밟던 일제로부터 끝까지 포기하지 않고 우리말을 지켜낸 사람들의 간절함도 담겨 있습니다.

사랑으로 빚어내고 간절함으로 지켜낸 문자, 한글.
그 문자를 약 600년이 흐른 지금까지도 사랑하며 사용하고 있는 우리들.
이 모든 것이 참으로 자랑스럽습니다.
앞으로 한글을 더욱 소중하게 잘 가꾸어 나가야겠지요?

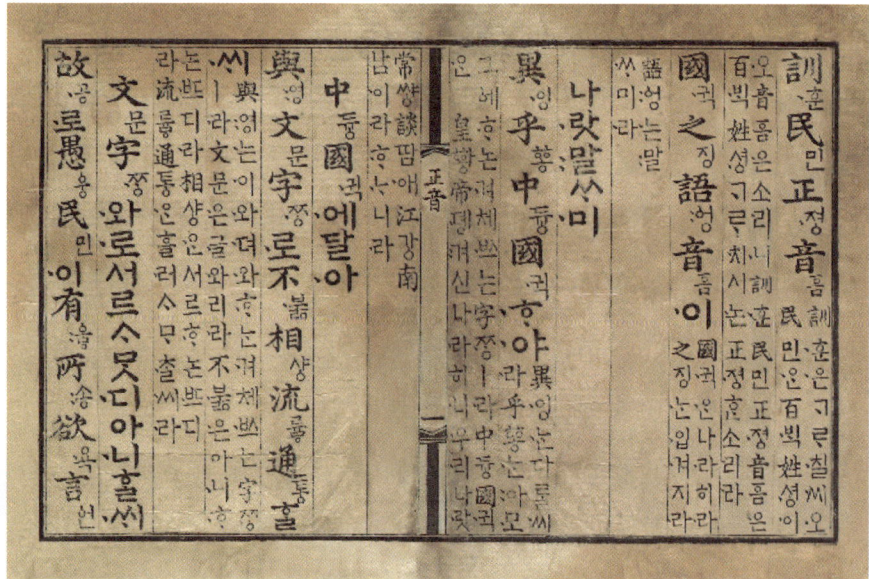

「훈민정음 언해본」